修身教授録入門

若き世代に贈る15の授業

森信三

致知出版社

『修身教授録入門』の刊行に寄せて

森信三先生は、「人間は天から一通の封書を頂いてこの世に生まれてくる。それには、この世でのその人の使命が書かれている。でもそれを開封しないまま人生を終える人の何と多いことよ」と、よく嘆かれました。

あなたは一体何の為にこの世に生まれてきたのでしょうか。森先生は『修身教授録』で人生いかに生きるべきかを諄《じゅん》諄《じゅん》と説いてくださっています。この中から十五講を精選し、この名著の真価にふれる入門書として再編されたのが本書であります。次代を担う若人達に本書の活読を心からお薦めいたします。

一般社団法人 実践人の家参与　浅井周英

第1講　人間と生まれて

今日も先生静かに入って来られて、ていねいに礼をされる。こんなにていねいに礼をされる先生は初めてなので、みんなが不思議な感じを受ける。やがて題目を黒板の右端近くに書かれたのち、われわれの方に向かって静かに講義を始められる。

さて諸君らの大部分の人は、大体今年十八歳（数え年）前後とみてよいでしょうね。

してみると諸君らは、この地上に人間としての生をうけてから、大体十六、七年の歳月を過ごしたわけであります。

ところが、それに対して諸君は、一体いかなる力によって、かくは人間として生をうけることができたかという問題について、今日まで考えてみたことがありますか。

私の推察にして誤りなくんば、おそらく諸君たちは、この大問題に対して、深く考えた人は少なかろうと思うのです。

かように、諸君らにお尋ねもしないで断定的なことを言うというのは、一面からははなはだ礼を失したことだとも思いますが、しかし私は自分自身の過去を顧《かえり》みても、大体そうではないかと思うのです。

と申しますのも私自身が、諸君らくらいの年頃には、一向このような大問題に対して、深く考えたことはなかったからであります。

そして、今や四十歳という人生の峠を越えかけた昨今に至って、ようやくこのような人生の大問題が、自分の魂の問題となりかけたわけです。

ですから、たとえ諸君らの年頃に、かような人生の根本問題について教えられたとしても、たぶんうわの空で聞き過ごしたんじゃないかと思うのです。

したがって、私が今諸君に対して、このような人生の根本問題についてお話してみても、おそらく諸君らの十分な共鳴は得られないだろうと思うのです。同時にそれは、たとえそうだとしても、自分自身の過去を顧みて、まったく無理のないことだと思うのです。


かく言う私自身が、諸君らの年頃には、こうした人生の根本問題については、ボンヤリと、うかうか過ごして来たからです。

だが、それにもかかわらず私は、今ここに諸君らと相見《あいまみ》えて、互いに研修の第一歩を踏み出すに当たっては、諸君たちが受け入れられると否とにかかわらず、どうしてもまずこの根本問題から出発せずにはいられないのです。

少なくとも現在の私としては、この問題から出発する以外に、真の出発点は見出しがたいのです。

というのも、われわれ人間にとって、人生の根本目標は、結局は人として生をこの世にうけたことの真の意義を自覚して、これを実現する以外にないと考えるからです。そしてお互いに、真に生き甲斐《がい》があり生まれ甲斐がある日々を送ることと以外にはないと思うからです。

ところがそのためには、われわれは何よりもまず、この自分自身というものについて深く知らなければならぬと思います。

言い換えれば、そもそもいかなる力によってわれわれは、かく人間としてその生をうけることができたのであるか。

私達はまずこの根本問題に対して、改めて深く思いを致さなければならぬと思うのです。

ところが現在多くの人々は、自分がここに人間として、生をこの世にうけることができたということに対して、かくべつありがたいとも思わずにいるんじゃないでしょうか。

現にかく言う私自身も、お恥ずかしいことながら、この六、七年前までは、やはりそのような一人だったのです。おそらく諸君らにしても、大部分の人がそうではないかと思うのです。

しかしながら翻《ひるがえ》って考えるに、そもそもわれわれのうち、果たして何人が自分は人間として生まれるのが当然だと言い得るような、特別な権利や資格を持っているものがあるでしょうか。

もちろんわれわれは、この地上へ生まれ出る前に、人間として生まれることを希望し、あるいはそうした決意をして生まれて来たわけではありません。いわんや、人間として生まれるに値するような努力や功績を積んだために、今日ここに人間としての生命をうけ得たわけではありません。

このようにわれわれがこの世に生をうけたのは、自分の努力などとは全然関わりのない事柄であって、まったく自己を超えた大いなる力に催されてのことであります。

否、それだけではないのです。

われわれはこの世に生をうけた後といえども、そうとう永い間、自分が人間としてこの世へ生まれ出たことに対して、何ら気付くことなく過ごして来たのであります。

それどころかわれわれ人間は、厳密には何人も自分の生年月日も、その生誕の場所も知らないわけです。

こういうと諸君らは、定めし私のこれらの言葉を怪しまれることでしょう。

しかしながら、諸君らが知っていると考えている自分の生年月日は、実はご両親から教えられ聞かされた結果であって、われわれは直接に自分の生年月日や生誕の場所を知るものではないのです。

そればかりか、諸君らは自分のお尻におむつのつけられていたことさえ記憶している人はないでしょう。

ということは、われわれ人間は、ひとり自己の生年月日や、生まれた場所を知らないのみならず、おむつのとれる年頃までも、自分の存在については、ほとんど知る所がないのです。

それ故私は、このことをもって、常にわれわれ人間の根本的な無知の一つの事例と考えているのであります。


こういう有様ですから、諸君らにしても、今日生後二十ヵ年になんなんとしながら、人間として生をうけたことに対して、しみじみとその辱《かたじけな》さを感ずることができないわけであります。

否、二十年どころか、うっかりすると私のように四十の声を聞くような年頃になるまで、ついに心の眼が開かれずにしまうのです。

そしてわが子を持つような年頃になっても、なおかつ深くこうした人生の根本問題に想い至らぬという愚かさにもなるのです。

ところが私の考えでは、われわれ人間は自分がここに人間として生をうけたことに対して、多少なりとも感謝の念の起こらない間は、真に人生を生きるものと言いがたいと思うのです。

それはちょうど、たとえ食券は貰《もら》ったとしても、それと引き換えにパンの貰えることを知っていなければ、食券も単なる一片の紙片と違わないでしょう。またそうと知らなければ、人によってはそれを捨てるかも知れず、また仮に捨てないまでも、これを食券として生かすことはできないでしょう。

同様に今われわれにしても、人生そのものの意義を知らなければ、人の形をして生まれて来たとはいえ、人間として真に生き甲斐のある生き方はできないと思うのです。


しかも人生の意義を知るには、何よりもまずこのわが身自身が、今日ここに人間として生を与えられていることに対して、感謝の念が起こらねばならぬと思うのです。

しかるにこのように人身をうけたことに対する感謝の念は、昔の人が言った「人身うけがたし」という深い感懐《かんかい》から初めて発して来るものと思うのです。

諸君、試みに夕食のあとなどに、寄宿舎の庭へ出て、諸君の周囲を飛び回っている昆虫はしばらく措《お》くとしても、せめてその辺に見られる植物の数だけでもよいから数えてごらんなさい。

おそらく諸君らは、正確にはその数を数え得ないでしょう。というのも、それは諸君らの幾十百倍あるか知れないからです。

なるほど大木の数ともなれば、それは極めて少ないでしょう。だがもし雑草の一々を数えるとしたら、全校庭の植物の総数は、おそらく本校生徒の数を超えるかも知れません。

いわんや動物をも勘定に入れるとして、その辺にいるくも、みみず、あぶ、はえ、地虫らまで数えたとしたら、実に際限のないことでしょう。

ところがお互いにわれわれは、それらの動植物のどの一つにもならないで、ここに人間の一人として「生」を与えられたのであって、これに対してどこにその資格があると言えるでしょうか。

実際牛馬や犬猫、さらには蛇や蛙やうじ虫などに生まれなかったことに対して、何か当然の理由や資格があると言えるでしょうか。

実際この地上の生物の数は、人間のそれと比べていかに多いか、実に測りがたいことであります。

しかもお互いにそれらのいずれでもなくて、ここに人間としての「生」を与えられたわけですが、しかしそれは、何らわが力によらないことに思い及べば、何人もうけがたい人身をうけたことに対して、しみじみと感謝の心が湧き出るはずであります。

しかるに現代の人々は、自分が人身を与えられたことに対して、深い感謝の念を持つ人ははなはだ少ないようであります。仏教には「人身うけがたし」というような言葉が昔から行われているのです。

つまり昔の人たちは、自分が人間として生をこの世にうけたことに対して、衷心《ちゅうしん》から感謝したものであります。

事実それは、この「人身うけがたし」という言葉のもつ響きの中にこもっているると思うのです。

しかるに、自分がこの世の中へ人間として生まれて来たことに対して、何ら感謝の念がないということは、つまり自らの生活に対する真剣さが薄らいで来た何よりの証拠とも言えましょう。

というのもわれわれは、自分が自分に与えられている、この根本的な恩恵を当然と思っている間は、それを生かすことはできないからであります。

これに反してそれを「辱い」と思い、「元来与えられる資格もないのに与えられた」と思うに至って、初めて真にその意義を生かすことができるでしょう。

自分は人間として生まれるべき何らの功徳《くどく》も積んでいないのに、今、こうして牛馬や犬猫とならないで、ここに人身として生をうけ得たことの辱さよ！　という感慨《かんがい》があってこそ、初めて人生も真に厳粛《げんしゅく》となるのではないでしょうか。

ですからわれわれも、この「人身うけがたし」という言葉をもって、単にすぎ去った昔のことと思ってはならぬでしょう。

われわれ現代人は、今日日々の生活に追われて、このように物事を根本的に考えることを怠っていますが、今われわれは改めて、この言葉のもつ深遠な意義に対し敬虔《けいけん》な態度にたち還って、人生の真の大道を歩み直さねばならぬと思うのです。

森先生のことについては、すでに上級生からいろいろとうわさを聞いていたが、今日で二回授業を受けて予想以上という感じがする。授業がすむと先生は黒板をキレイに拭き、ていねいにわれわれに礼をされた後、おもむろに教室から出ていかれた。

第2講 志学

先生、礼がすむと、窓の方へ行かれて、外側のガラス戸の開け方が、少し片寄っているのを直された。しかし、われわれには何事も言われず、そのまま教壇に帰り、例のように黒板をキレイに拭いて後、今日の題目を書かれた。

この間先生も無言、われわれもまた無言であった。


志学という言葉は、諸君らもすでにご存じのように、論語の中にある言葉です。すなわち「吾れ十有五にして学に志す」とあって、孔子がご自身の学問求道のプロセスをのべられた最初の一句であります。

これは言い換えますと、孔子の自覚的な生涯は、ここに始まったということであります。

しかもこのことは、ひとり孔子のみに限らず、すべて人間の自覚的な生涯は、すなわちその人の真の人生は、この志学に始まると言ってよいのです。

諸君らはすでに十七、八歳に達しているんですから、孔子より遅れることまさに二、三年ではありますが、しかしまだ決して遅すぎはしないのです。これ私が、ここにこの題目を掲げて、改めて諸君の自覚を促したいと思うゆえんです。

そこで、今孔子のこの言葉の真意を考えるに当たり、われわれの注意を要する点は、ここで「学」と言われている言葉の真の内容が、いかなるものであるかを知ることでしょう。

ここで孔子が「吾れ十有五にして学に志す」と言われたこの「学」というのは、普通にいわゆる勉強を始めたとか、ないしは書物を教わり出したなどという程度のことではないようです。

それというのも、ここに「志学」と言われたのは、いわゆる大学の道に志されたということであって、孔子は十五歳にして、すでに大学の道に志されたのであります。

ではそのいわゆる大学の道とは、一体いかなるものを言うのでしょうか。

これは、諸君らもすでに一応は心得ていられるように、わが身を修めることを中心としつつ、ついには天下国家をも治めるに至る人間の歩みについて言うのです。

してみると孔子はすでに十五歳のお若さで、ご自身の一生を見通して、修養の第一歩を踏み出されたわけであります。すなわち十五歳の若さをもって、すでに自分の生涯の道を「修己治人」の大道にありとせられたわけであります。

それは只今《ただいま》も申すように、自己を修めることを中心としつつ、ついには天下国家をも治めるところまでいかなくてはならぬというのであって、すでに一生の大願を立てられたわけであります。

それ故今この志学という場合、「学」という文字をもって、単に書物を習い始めたとか、あるいは勉強を始めたという程度のことと考えていますと、「吾れ十有五にして学を志す」と言われても、「ハハン」とうなずく程度で、別にこれほどの感慨《かんがい》もなしに素通りするにすぎないでしょう。つまり「蛙の頭に水」の程度でしかないわけです。

しかるに今この学という言葉の内容が、実は大学の道であり、したがってここに志学というは、この自分という一箇の生命を、七十年の生涯をかけて練りにねり、磨きにみがいていって、ついには天下国家をも、道によって治めるところまでいかずんば已《や》まぬという一大決心だと致しますと、これ実に容易に読み過ごせないこととなるわけです。

とくにそれを十五歳という年齢と対照して考える時、実に感慨なきを得ないのであります。

実際十五と言えば、諸君らもすでに十五歳を超えること、まさに二、三歳のようですが、顧《かえり》みて諸君果たしていかなる感がいたしますか。

この学校が工業学校でもなく、また農学校や商業学校でもなくて、まさに師範学校として国民教育者を養成するところである以上、本来から言えば、諸君らが本校に入学されたということは、そのこと自身がすでに、諸君らはその生涯の学問修養をもって、この日本国の基礎たる国民教育に貢献し、大にしては民族の前途に対して一つの寄与をするだけの決心がなくてはならぬはずですが、諸君果たしてこのような決心をお持ちですか。

こう申しては失礼ですが、どうも諸君たちは、まだこの点に関して確たる信念を持たれないように見えるのです。

もちろん諸君らも、かような話を聞かされた場合にはそれに感激もし、またその場では一応決心もされるでしょう。

しかし一旦その場を去れば、多くはたちまち忘れてしまって、その感激は永続しがたいだろうと思うのです。

それというのも、人間というものは、単に受身の状態で生じた感激というものは、決して永続きのしないものだからであります。

ところが永続きしないものは決して真の力となるものではありません。このことは、たとえば電車や自動車などでも、運転の持続している間こそ、その用をなしますが、一たびその運転が止まれば、せっかくの自動車も飛行機も、一塊《いっかい》の金属の堆積《たいせき》と違わないわけです。否、なまじいに図体が大きいだけ、始末におえぬとも言えましょう。

したがって人間の決心覚悟というものは、どうしても持続するものでないと本物ではなく、真に世のため人のためには、なり得ないのであります。

そこで今諸君らにしても、なるほど時には人の話によって感激して、自分も志を立てねばならぬと思うこともありましょう。

しかしそのような、単に受身的にその場で受けた感激の程度では、じきに消え去るのであります。

たとえば今この時間の講義にしても、仮に教場にいる間は多少感じるところがあったとしても、一たび授業がすんで食堂へでも急ぐとなると、もういつのまにやら忘れてしまう人が多かろうと思うのです。

もっともこれは、諸君らくらいの年齢では、一応無理からぬこととも言えましょう。

だが同時にまた人間も、いつまでも左様なことをつづけていたんでは、どれほど長生きをしてみたところで、たいしたことはできないとも言えましょう。

ですからいやしくも人間と生まれて、多少とも生き甲斐《がい》のあるような人生を送るには、自分が天からうけた力の一切を出し尽くして、たとえささやかなりとも、国家社会のために貢献するところがなくてはならぬでしょう。

人生の意義などと言っても、畢竟《ひっきょう》この外にはないのです。

すなわち人生の意義とは、たとえて申せば、ここに一本のローソクがあるとして、そのローソクを燃やし尽くすことだとも言えましょう。

つまり半分燃やしただけで、残りの燃えさしをそのままにしておいたんでは、ローソクを作った意味に叶わないわけです。

つまりローソクは、すべてを燃やし尽くすことによって、初めてその作られた意味も果たせるというものです。

同様に私達も、自分が天からうけた力の一切を、生涯かけて出し切るところに、初めて、小は小なりに、大は大なりに、国家社会のお役にも立ち得るわけで、人生の意義といっても、結局この外にはないと言えましょう。


ところで、ここに一つ注意を要することは、今私は人間は各自、自分が天からうけた力を実現しなければならぬと申しましたが、しかしこの場合問題なのは、自分が天よりうけた力は、それが果たしてどの程度のものか、あらかじめ見通しがつかぬということでしょう。

そこで一方からは、人間の力にはそれぞれ限度があるとも言えますが、同時にまた他面からは、際限がないとも言えるのです。

それはちょうど井戸水みたいなもので、なるほど一方には、水のよく出る井戸もあれば、また出のよくない井戸もあると言えましょう。

しかし実際には、水をかい出して、もう出なくなったと思っても、しばらくすればまたちゃんと元のように溜っているのです。

人間の力もまあそんなもので、もうこれ以上はやれないと思っても、その人にして真に精進の歩みを怠らなければ、次つぎと先が開けてくるものであります。

このように、一方では際限があるようでありながら、しかも実際には限りのないのが、人が天からうけた力というものですから、そこでとことんまで出し切るには、一体どうしたらよいかということが、問題になるわけです。

そのためには、一体いかなることから着手したらよいかというに、それには何と言ってもまず偉人の伝記を読むがよいでしょう。

そして進んでは、その偉人をして、そのような一生をたどらせた、真の内面的動力はいかなるものであったかを、突き止めるということでしょう。

かくして偉人の書物を繰り返して読むということは、ちょうど井戸水を、繰り返し繰り返し、汲《く》み上げるにも似ていると言えましょう。

ところがどうも現在の学校教育では、学問の根本眼目が、力強く示されていない嫌いがあるのです。それ故幾年どころか、十幾年という永い間学校教育を受けても、人間に真の力強さが出て来ないのです。

すなわちわが身自身を修めることによって、多少なりとも国家社会のために、貢献するような人生を送らずにはおかぬという志を打ち立てて、それを生涯をかけて、必ず達成するというような人間をつくるという点が、どうも現在の学校教育には乏しいように思うのです。

しかしそれというのも、結局は今日、学校教師その人が、自ら真に志を懐《いだ》くことなく、したがって教育と言えば、ただ教科書を型通りに教える機械のようなものになっているところに、その根本原因があると言うべきでしょう。

それにしても、真に教育者の名に値するような人々は、超凡の大志を抱きながら、色々と世間的な事情によって、それを実現するによしない立場に立たされた人傑《じんけつ》が、現実的にはそれを断念すると共に、どうしても自分の志を、門弟子を通して達成せしめずにはおかぬ、という一大願を起こすところに、初めて生まれるもののようであります。

孔子しかり、プラトンしかり、わが松陰先生またしかりです。

しかるに現在学校教師と呼ばれている人々はどうでしょう。自分はみすぼらしい一書生のくせに、政治家とか実業家などと言えばこれを毛嫌いして、心中ひそかに軽蔑している程度の狭小な了見で、どうしてその教え子たちの中から、将来国家社会に貢献するような、大政治家などを生み出すことができましょうか。

とにかく諸君‼　この人生は二度とないのです。

ですから今にして真の志を立てない限り、諸君の生涯も碌々《ろくろく》たるものとなる外ないでしょう。

同時に諸君らにして、もし真に志を立てたならば、いかに微々たりとはいえ、その人が一生をかければ、多少は国家社会のために貢献し得るほどのことは、必ずできるはずであります。

かくして人生の根本は、何よりもまず真の志を打ち立てるところに始まるわけであります。すなわちまた真の志学に始まると言ってよいでしょう。

先生は礼がすむと「今日は待っている人がありますので」と言って、やや足早に教室から出ていかれた。

第3講　読書

今日は先生、数冊の書物をかかえてこられた。礼がすむと例によって黒板をキレイに拭かれた後、今日の題目を「読書」と書かれた。

読書の問題について話すことにいたしましょう。と申すのも、読書というもののの人生における意味は非常に重大で、学問・修養と言っても、読書を抜きにしては、とうてい考えられないからです。

ところでこの読書が、われわれの人生に対する意義は、一口で言ったら結局、「心の食物」という言葉がもっともよく当たると思うのです。

つまりわれわれは、この肉体を養うために、平生色々な養分を摂っていることは、今さら言うまでもないことです。実際われわれは、この肉体を養うためには、一日たりとも食物を欠かしたことはなく、否、一度の食事さえ、これを欠くのはなかなか辛《つら》いとも言えるほどです。

つまりよほどの病気ででもない限り、一回の食事を欠くことさえ、滅多にないことです。

否、実際には、かなりの病気でも、ただ食物の種類が変わるだけで、ぜんぜん食物を摂らないということは、ほとんどないわけです。

ですから健康時には、わずか一時間、否、三十分でも食事が遅れると、諸君らのような若い人々はなかなか我慢し切れないでしょう。

ところが、ひとたび「心の食物」ということになると、われわれは平生それに対して、果たしてどれほどの養分を与えていると言えるでしょうか。からだの養分と比べて、いかにおろそかにしているかということは、改めて言うまでもないでしょう。

ところが「心の食物」という以上、それは深くわれわれの心に染み透って、力を与えてくれるものでなくてはならぬでしょう。

ですから「心の食物」は、必ずしも読書に限られるわけではありません。いやしくもそれが、わが心を養い太らせてくれるものであれば、人生の色々な経験は、すべてこれ心の食物と言ってよいわけです。

したがってその意味からは、人生における深刻な経験は、たしかに読書以上に優れた心の養分と言えましょう。

だが同時にここで注意を要することは、われわれの日常生活の中に宿る意味の深さは、主として読書の光に照らして、初めてこれを見出すことができるのであって、もし読書をしなかったら、いかに切実な人生経験といえども、真の深さは容易に気付きがたいと言えましょう。

否、気付かないだけですめばまだしもで、かような重大な意味を持つ深刻な人生経験というものは、もしその意味を見出してこれを生かすことができなければ、時には自他を傷つける結果にもなると言えましょう。

ちょうど劇薬は、これをうまく生かせば良薬となりますが、もしこれを生かす道を知らねば、かえって人々を損なうようなものです。

同様に人生の深刻切実な経験も、もしこれを読書によって、教えの光に照らして見ない限り、いかに貴重な人生経験といえども、ひとりその意味がないばかりか、時には自他ともに傷つく結果ともなりましょう。


こういうしだいですから、読書はわれわれの生活中、最も重要なるものの一つであり、ある意味では、人間生活は読書がその半ばを占むべきだとさえ言えましょう。

すなわちわれわれの人間生活は、その半ばはこれを読書に費やし、他の半分は、かくして知り得たところを実践して、それを現実の上に実現していくことだとも言えましょう。

もちろんここに「半ば」と言うのは、内面的な釣合の上から言うことであって、決して時間の上から言うことではありません。

しかしこのように読書は、考えようによっては、われわれの生活の半ばを占めるほどの重要さを持つにもかかわらず、人々の多くはこの点に気付かないようであります。

というのも結局は、その人の生命力が真に強靱《きょうじん》でないからでしょう。つまり言い換えれば、人間がお目出たくてお人好しで、たいした志も持たないからだと言えましょう。

ですからその人にして、いやしくも真に大志を抱く限り、そしてそれを実現しようとする以上、何よりもまず偉人や先哲の歩まれた足跡と、そこにこもる思想信念のほどとを窺《うかが》わざるを得ないでしょう。

すなわち自分の抱いている志を、一体どうしたら実現し得るかと、千々に思いをくだく結果、必然に偉大な先人たちの歩んだ足跡をたどって、その苦心の跡を探ってみること以外に、その道のないことを知るのが常であります。

ですから真に志を抱く人は、昔から分陰《ふんいん》を惜しんで書物をむさぼり読んだものであり、否、読まずにはおれなかったのであります。

試みに諸君らの知っている人の中から、そうした人を探すとしたら、差し当たり二宮尊徳とか吉田松陰というような名が、すぐに浮かんでくるでしょう。

したがってかように考えて来ますと、読書などというものは、元来人から奨《すす》められるべき性質のものでないとも言えましょう。

つまり人から奨められねば読まぬという程度の人間は、奨めてみたとて、結局たいしたことはないからです。

もっともかように考えて来ますと、私などのように、常に躍起《やっき》になって読書を奨めているというのは、それ以上に人間がお目出たいかも知れません。

いやこれは実際笑いごとではありません。

しかしまた人間界のことは、お互いに一足飛びにいくわけにはいきませんから、その方面から言えば、読書を奨めるということも、必ずしも無意味ではないとも言えましょう。否、さらには何を読むべきか、またいかに読むべきかということさえも、相手しだいではこれを示すことが親切だとも言えましょう。かく考えればこそ、私などもかように読書についてのお話もするわけですが、しかし諸君らにして真に大志を抱くならば、人から読書を奨められているようではいけないと思うのです。すなわち人から言われるまでもなく、自らすすんで何を読んだらよいかを、先生にお尋ねすべきでしょう。

とにかく先にも申すように、読書はわれわれ人間にとっては心の養分ですから、一日読書を廃したら、それだけ真の自己はへたばるものと思わねばなりません。肉体の食物は一日はおろか、たとえ一食でもこれを欠いたら、ひもじい思いをするわけですが、心の養分としての読書となると、人々はさまで考えないでいるようですが、諸君らの実際はどうでしょうか。

これは諸君らが、今日自分は心の食物として、果たして何をとったかと反省してみれば、だれだってすぐに分かることです。

口先ばかりで、心だの精神だのと言ってみても、その食物に思い至らぬようでは、単なる空語にしかすぎません。その無力なことも、むべなるかなと言うべきでしょう。

そこで諸君は、差し当たってまず「一日読まざれば一日衰える」と覚悟されるがよいでしょう。

一般に小（中）学校の先生は、卒業後五、六年もたてば、もうすが入り出すと言われますが、教師にすが入りかけるのは、何も卒業後五、六年たって初めて始まることではなくて、その兆しは、すでに在校中に始まっていると言えましょう。

これは諸君らとしても、胸に手を当てて見られればよく分かるはずであります。すなわち、諸君らが今日忙しさに口実を求めて、何ら自発的な読書をしないということは、すでに諸君らの心にすが入りかけている何よりの証拠です。

しかしそれについて私は、諸君らに一つのことを話してみたいと思います。それは世間で篤農家とか、精農と言われるほどの人物は、ほとんど例外なく、非常な読書家だということです。

これは二宮尊徳翁のごときは言うまでもありませんが、近くは明治の尊徳とも言われた、秋田の老農石川理紀之助翁のごときも、忙しい農業の暇をぬすんで、実に豊富な読書をされた人であります。

否、石川理紀之助翁のごときは、ひとり大なる読書家というのみでなく、いろいろの著述までもしていられるのであります。

翁の起床は、大抵午前一時、二時であって、それから夜明けまでの数時間を、翁は読書と著述に専念せられたということです。

さらに尊徳翁に至っては、その生涯の著述は全集三十六巻を数える程であって、おそらく日本人の全集中、最大なるものと言えましょう。

しかもそれがいわゆる学者と言われるような人でなくて、もっとも忙しい浮世の実務に没頭されながら、なおかつこれだけの力を蔵していられたということは、ただただ驚嘆《きょうたん》の外ないのです。

そもそもわれわれは、真の確信なくしては、現実の処断を明確に断行することはできないのです。ところが真に明確な断案というものは、どうしても道理に通達することによって、初めて得られるものであります。

そこで偉大な実践家というものは、一般に大なる読書家であり、さらには著述をもなし得るていの人が多いと言えるわけです。

ですから「偉大な実践家は、大なる読書家である」という言葉の意味の分からぬ程度の人間では、とうてい問題にはならないわけです。

もちろん学者と実践家とでは、同じく書物を読むにしても、その読み方は違いましょう。学者は学者としての職責上、細部にわたる研究もしなければなりませんが、実践家の読書は、大観の見識を養うための活読、心読であって、その点、実践家の読書の方が自在だとも言えましょう。

そこで今諸君らが、将来ひとかどの人間になろうとしたら、単に学校の教科書だけ勉強していて、それで事すむような姑息《こそく》低調な考えでいてはいけないと思うのです。

もちろん学校の教科は、基礎的知識として、いわば土台固めのようなものですから、決してこれを軽んずることはできませんが、同時にまた単に教科書の勉強だけで事足ると考える程度では、ちょうど土台だけつくって、その上に家を建てることを知らないような愚かさだとも言えましょう。

そもそも学校で教わる教科というものは、只今も申すように土台程度のものでしかないのです。

もちろん土台は深くしてかつ堅固でなければならぬことは、言うまでもありませんが、同時にその人の特色というものは、むしろその人が自らすすんで積極的に研究したものによって、初めて出てくるものであります。

それはちょうど建物の特色なども、単なる土台からは出ないで、地上の建築物によって分かるようなものであります。

この点諸君らは、今日から深く考えておかねばならぬと思うのです。諸君らのうちには、「今は学生時代で、学科におわれて読書などできないが、しかしそのうちに卒業でもしたら、読書もするつもりだ」などとのんきなことを考えている人もあるようですが、しかし現在学科におわれて読書のできないような人に、どうして卒業後読書などできるはずがありません。

何となれば、なるほど卒業すれば現在諸君らの受けているような教科はなくなりましょう。が、同時にそれに代わって、今度は生徒に教えねばならぬという新たな仕事が出て来ます。

そこで現在学科におわれて読書をしないような人は、やがて卒業すれば、今度は日々の授業におわれて、結局いつまでたっても、自発的に読書する日はないでしょう。

このことは、私の知っている範囲では、一人の例外もないと言ってよいのです。

そこで諸君らにして、将来真になすところあろうとするならば、なるほど色々忙しくはありましょうが、単なる教科の予習や復習だけで事がすむなどと考えないで、何とか工夫して、少しずつでもよいから、心の養いとなるような良書を読むことが大切でしょう。

ここで先生、講義に一段落をつけてから、『報徳記』『二宮翁夜話』『講孟余話』『学校教師論』（三浦修吾著）『国語教育易行道』（芦田恵之助著）『茶味』（奥田正造著）などの書物について、一々ていねいに説明して下さった後、左のような福島先生の愛読書のご紹介までして下さった。

福島政雄先生の愛読書目

1．万葉集　2．論語（伊藤仁斎の論語古義にて）　3．真宗聖典

4．マーカス、アウレリユウスの瞑想録（岩波文庫）

5．芭蕉絵詞伝附句集及文集（冨山房）

6．モンテーニュ随想録抄（白水社）

7. 益軒十訓上下（有朋堂文庫）　8. 玉勝間（岩波文庫）
9. ペスタロッチーの隠者の夕暮（岩波文庫）
10. プラトン饗宴（岩波文庫）
11. ルソーのエミイル（岩波文庫）

「これはこの間広島へ行って、久しぶりに福島先生にお目にかかった際お聞きしたものですが、自分ひとりだけに秘めておくには、あまりに惜しいような気が致しますので、ちょっと諸君らにも、おすそ分けするしだいです。必ずや他日大いなる参考になることでしょう」

第4講　人と禽獣と異なるゆえん

先生礼をせられてから、無言のまま「啓発録　橋本景岳」と板書される。そうして「諸君のうち橋本景岳という名を知っている人がありますか」と言われ、さらにF君に向かって「君知っていますか」と尋ねられる。F君が「漢文で出て来ました」とお答えする。すると先生は「そうですか。左内先生のことですね」と言われて話を続けられる。

「この方は十五歳の時すでにこの『啓発録』という書物を書かれて、ご自身の志をのべていられるのです。諸君より三つも年下の頃に書かれたわけです。諸君顧みていかがです。そして「去稚心」というのが、その最初の書き出しです。実際子供くさい心を除き去らなければ、真の学問を始めることはできないからです。これが「稚心を去る」ということの本意です。童心に帰るというのとは別です。

ついでですが、諸君らも身内の者について人に話す場合には、敬称をつけないのです。たとえば諸君が自分のお父さんのことは、「私の父は」と言って「お父さんは――」とは言わないのです。つまりさん付けにしないのです。それから「君」とか「僕」という言葉は、同輩または目下のものに対する言葉で、自分より目上の人に対しては、使わないのが普通です。以上のことは、諸君らの修養の手始めとして、真先きに矯正しなくてはならない事柄です。そしてこれが「稚心を去る」工夫の第一歩と言ってもよいでしょう」

さて以前に私は、「人間と生まれて」という題でお話した際に「人身うけがたし」という言葉についてお話したかと思いますが、このうけがたい人身をうけたということの真に喜ぶべきゆえんは、果たしてどこにあるのでしょうか。

私はこの点を明らかにすることだけでも、われわれは人間として確立することができると思うのです。
否、人間の真の自覚の根底には、どうしてもこの点に対する、明確な自覚が裏付けられていなければならぬと思うのです。

それではかような立場に立って、人間と生まれたことの真の喜びは、果たしてどこにあるでしょうか。

この点を明らかにするには、まず比較的われわれに近い、牛馬や犬猫のようなものと比較してみればすぐに分かることであります。実際お互いのうち誰一人、牛や馬になりたいと思う人はないでしょう。

それはひとりここにいるお互い同士だけでなく、世界中誰一人として、牛馬や犬猫として生まれなかったことを残念がっている人はないでしょう。

かようなことは、何も今さら事新しく言うまでもないことですが、しかしされぱと言って、これを単に自明のこととしてすましてしまうのでは、人生に対する真摯《しんし》な態度とは言えないでしょう。

というのも、この点を明らかにしない限り、人身をうけたことに対して、真に積極的な感謝の念は湧き起こらないからであります。

われわれ人間というものは、すべて積極的にその根拠を把握しない限り、喜びと言い感謝と言っても、その真の深さには至り得ないのであります。

すなわち、単に漠然とした喜びという程度では、ひとりその深さが足りないのみならず、その喜びの持続さえも期しがたいのであります。

それにしても、自分が人として生まれてきたことを悔いる者は一人もなく、いわんやこれから、牛馬や犬猫になりたいなどというものは、一人だってないでしょう。

そうしますとすべての人が、わが身が人身をうけたことを限りなく喜んでしかるべきにもかかわらず、広く世間を見ましても、この点に対して深く喜び、かつ感謝している人は案外少ないようであります。

一つには、人々が人間として生まれて来たことを当然のことと考えているのと、今一つは、人と禽獣《きんじゅう》とがいかに違っているかということを、明確に把握していないからでありましょう。

なるほど、牛馬が酷使せられている実状を知っているわれわれは、何人も牛や馬になりたいなどと思うものはないわけですが、しかし単にそれだけにとどまる限り、未だ真に人と禽獣との相違を、突きとめているとは言えないでしょう。

たとえば鶯《うぐいす》その他小鳥の中には、非常に愛玩せられて、時としては数百千金（幾十万円）の価を呼ばれているものさえ、決して珍しくないようですが、しかしだからといって、鶯になりたいと思う者はないでしょう。

なるほど冗談としては、「こんなに毎日まずい物ばかり食わされているんなら、いっそのこと鶯にでもなった方がましだわい」などと言う人も、ないわけでもないようです。

でもそこへ魔法使いでも現れて「では望み通りこれから鶯にしてやろう」とでも言おうものなら、たちまち逃げ出すことでしょう。

　このように考えてきますと、われわれが人間として生まれたことを喜ぶ根本は、単に動物が虐待せられるからというような点にないことは明らかでしょう。

　では、われわれ人間が禽獣と違う根本は、そもそもいかなる点にあるのでしょうか。

　つまりわれわれが、現在牛馬や鶏犬でなくて、ここに人身をうけていることの、真に辱《かたじ》けないゆえんは、果たしてどのような点にあるのでしょうか。

　もちろん、この問題に関しても、いろいろと、見解がないわけではないでしょう。たとえば、ある種の人は、人と禽獣との差は、「言葉」の有無によって異なると見ています。なるほど一応はそうも言えましょう。

　しかしながら他の一面からは、なるほど鳥獣の言葉は、われわれ人間の言葉とは比較にならないほど幼稚にもせよ、とにかく彼ら同士の間には、ある程度の意思表示が行われているとも言えそうです。

　かくして単なる言葉の有無は、いわば形の上の問題であって、それだけでは、未だ必ずしも人と禽獣とを区別する、真の根本的な根拠とは言えないでしょう。

次にまた、人と禽獣を分かつ標準として、道具を使うか否かという点を挙げる人もあります。

すなわちわれわれ人間は、ひとり自分の手足を使うのみでなく、さらに手足の手足とも言うべき道具を使って器物をつくるが、禽獣には道具を使い得るものはないというわけです。

たしかにこの点も、人と禽獣とを分かつ一つの重要な徴表とは言えましょう。すなわちわれわれの衣食住を始めとして、生活内容の複雑豊富なことは、ある意味では、人が道具を使うことから起こったとも言えましょう。

実際現在の物質文明は、これを外側から見るならば、確かに「道具による文明」とも言えましょう。

ですから、人が道具を用いるところに、人と禽獣とを分かつ一つの重大な点があると言えるわけであります。

しかしこのような考え方も、畢竟《ひっきょう》するに人間生活を単なるその外面、すなわち衣食住の側より見たものであり、単に外形上より見たものにすぎないのであります。

それ故、余りに複雑多端となった生活に飽いた人々のうちには、かえって単純生活に還ろうとする人もあるわけです。

ですから道具を使うか否かによって、人と禽獣とを区別しようとするのは、未だ真に本質的とは言いがたいのであります。

最後に今一つの立場は、人と禽獣とを区別する標準として、理性の有無をもってしようとする立場であります。

この立場は、これまでの見方とは違って、内面的本質的な区別と言えましょう。したがって私共は、一応これをもって、人と禽獣との本質的差異の基準とすることができるでありましょう。

しかも仔細に考えるとき、われわれはそこに若干の補正を必要とするものがあるかと思うのです。

それというのも、この場合理性という言葉の意味する内容いかんの問題であります。

もし理性という言葉をもって、単なる理智の作用を意味するとしたら、なるほどこれも確かに禽獣には見られないものではありますが、しかしこのような理智の働きは、要するに道具や機械を発明し、またはこれを使う程度の知識があって、未だこれを人間生活のために生かして、いかに善用すべきかを示すものではありません。

かように考えて来ますと、われわれ人間が禽獣と異なるゆえんの真の根本は、結局理智の奥底にあって、常に理智を照らして導くところの、真の人生の叡知《えいち》でなくてはならぬでしょう。

すなわちわれわれ人間に、真の正しい生き方を教える真の叡知でなくてはならぬのです。

もちろんこのような意味における叡知をも、これを理性と名付ける場合がないわけではありません。

しかし理性という時、ともすれば、単なる理智の意味に解せられるおそれが少なくないのであって、これここにとくに叡知という名を持ち出したゆえんです。思うにわれわれが、人間として真に正しい道を知る叡知は、ある意味では、人間界を打ち越えたところから照射して来るとも言えましょう。すなわちわれわれは自分の姿を、われとわが心にはっきりと映す鏡のような心にならない限り、真の正しい道は見えないのであります。かくして真の叡知とは、自己を打ち越えた深みから射してくる光であって、私達はこの光に照らされない限り、自分の真の姿を知り得ないのであります。そうしてかような反省知、自覚知を深めていくことによってわれわれは、初めて万有の間における自己の真の位置を知り、そこに自らの踏みいくべき大道を見出すことができるのであります。

かくしてわれわれ人間が、この天地宇宙の間に生まれ出た一微小存在としての真の人間の道は、このように、天地を背景として初めて真に明らかとなるのであり、さらには天地の大道と合するに至って、初めて真の落ち着きを得るわけであります。

しかるにわれわれ人間は、自己に対する反省と自覚を欠く間は、この天地大宇宙の間にありながら、しかも天地人生の道を明らかにし得ないのであります。

かくしてわれわれ人間は、自己がこの世に生まれ出た真の意義を知り、自らの使命を自覚して、いささかでもこれを実現しようとするところに、人と禽獣との真の本質的な違いがあると言うべきでしょう。

人間以外のものには、自分の使命を自覚するものが一つとしてあり得ないことは、今さら言うまでもないことです。

さればそれら草木禽獣の類は、自らの自覚によって自己の本来の意義を実現するものではなくて、われわれ人間の助けを借りて、初めてその本質を発揮するところに、その根本的な宿命があるわけであります。

ですから、今われわれ人間にして、人生の意義の何たるかを知らず、したがってまた自己の生涯をいかに過ごすべきかに考え至らないとしたら、本質的には禽獣と、何ら異なるところのないものとも言えましょう。

第5講　真実の生活

先生、今日も礼がすむと窓際へ行かれて、しばらく雲を眺めていられたが「諸君、雲を眺めるということは、実にいいですナア。これほど手軽で、これほど面白いことは外にないでしょう。ですから、諸君らも勉強に倦《う》いたら、時々こうして雲を眺めるがよいですよ。そうすると気分がスッカリ違ってきますから」と親しそうに言われた。

そして今日の題目と共に、「詩集雲　山村暮《ぼ》鳥《ちょう》」と書かれて、「この暮鳥という人は、私の最も好きな詩人の一人ですが、この〝雲〟という詩集は、暮鳥の詩集の中でも、一番よいものです。この詩集を読むと、ちょうど雲を眺めている時のような気分になります」と言って、講義に入られた。

諸君！　人間の真実の生き方というものは、一体いかにあるべきでしょうか。この問題については、人によって多少は考え方が違うかと思いますが、しかしここには差し当たり諸君らのために、一つの断面を切り落としてみたいと思います。

さて人間というものは、普通には、すべて現在より一段上の地位に登りたいと思うものであります。

たとえば大臣になった以上は、もうそれで満足しているかと思えば、さらに総理大臣になりたいと思い、大将になったら、もうその上の望みはないかと思えば、さらに元帥になることを望むというぐあいです。

またわれわれ教育の社会においても、小学校の先生は中等学校の先生になりたいと思い、中等学校の教師は、高等専門学校の教師たらんことを望むというように、一段でも自分より上の段階に登ることを願うのが、人情の常と言えましょう。

ところで、このこと自身については、もとより何ら悪いことでないのみか、いつまでもぼんやりと現状に居眠っているよりも、いわゆる向上心があるという点では、一応大いに結構と言ってよいでしょう。

しかしながら、ここに一つ考えてみなければならぬことは、かように人々が、一歩でも社会的に上の地位につきたいとのみ考えていた場合、この世の中は一体どうなるかということです。

同時にそこからしてこのような態度が、果たして人間の真実の生き方であるかどうかという点についても、お互いに深く考えてみなければならぬものがあるかと思うのです。

もちろん先にも申したように、一応の意味においては、人々が一段でも上の地位に登ろうと努めることは、一種の向上心の現れとして、それ自身決して退けるべきことではないでしょう。

否、これあるが故に人間も努力するという意味からは、大いに結構なことと言ってもよいわけです。

しかしながらわれわれ人間というものは、たとえ一段上の地位に登ってみても、それを満足して喜ぶのはほんの束の間で、しばらくすると、さらにまた一段上の地位に登りたくなるのが人情の常であります。

実際われわれ人間が、地位とか名誉を得た喜びというものは、ほんの当座の間にすぎません。

もちろん一面からは、人間の生活が停滞しない限り、もうこれでよいという時はないはずで、お互いに一歩でも上の地位に進んでみたいと思うのは、一応当然のことと言えましょう。

しかしその場合に問題となるのは、すべての人が皆かように考えるとした場合、この世の中は一体どうなるかということも、一考する必要があると思うのです。

そこで今話を分かりやすくするために、一つの喩《たと》えを取ってみることにしましょう。

もちろん喩えというものは、どこまでも喩えであって、事実そのものではありませんから、その点はあらかじめご承知を願わねばなりませんが、私は社会上の地位を、一段でも上へ上へと登っていこうとする人は、たとえばここに、様々な鉱石の層よりなる大きな絶壁があるとして、そしてその絶壁は、上へいくほどよい金属の鉱石があるとしてみましょう。

するとその場合、先にのべた社会上の地位を、一段でも上へ上へと登ろうとする人は、いわばかような絶壁へ梯子《はしご》をかけて、上へ登るほど、そこには立派な鉱石があるからといって、一段でも上の梯子段へ登ろうとあがいているようなものです。

ところでこの際人々が、一段でも上の梯子へ登ろうとするのは、一段でも上へ登れば、そこにそれだけよい鉱石がある以上、一応もっとも千万と言えましょう。しかしながら、ここに一つ見逃してならない大事なことがあると思うのです。それは何かというに、ただ梯子段を上へ登ることばかり考えて、どこか一ヵ所にとどまって、鉱脈に掘り込むことを忘れてはならぬということでしょう。

もし梯子段を上へ登ることばかり考えて、そのどこかに踏みとどまって鉱石を掘ることに着手しない限り、一番上の段階まで登って、たとえそれが金鉱のある場所だとしても、その人は一塊の金鉱すらわが手には入らないわけです。

これに反して、仮に身は最下の段階にいたとしても、もしそれまで梯子段の上の方ばかりにつけていた眼の向きを変えて、真っすぐわが眼前の鉱石の層に向かって、力の限りハンマーをふるって掘りかけたとしたら、たとえそれは金鉱や銀鉱ではないとしても、そこには確実に何らかの鉱石が掘り出されるわけでありまます。

すなわちその鉱石の層が鉛ならば、そこに掘り出されるものは鉛であり、またその鉱石の層が鉄鉱ならば、そこには確実に鉄鉱を掘り出すことができるわけであります。

なるほど鉄や鉛は、金銀と比べればその値段は安いでしょう。

しかしまた世の中というものは、よくできたもので、鉛は鉛、鉄は鉄と、それぞれそれでなくては用をなさないところもあるのです。

いかに金銀が尊いからといって、金銀の太刀では戦争はできません。

いわんや梯子段をただ形式的に上へ登ることばかり考えている人間は、仮に金銀鉱のところまで達したとしても、実は一物をも得ずして、梯子段をさらに一段上へ登ろうとする人間です。

さて以上は単なる喩えにすぎませんが、しかし私には、そこにどうしても無視することのできない、人生の貴重な真理の一つが含まれているかと思うのです。

今直接諸君らの前途について申してみれば、諸君らのうち、進んで上級学校へ行く人があれば、もちろんそれは大いに結構なことであります。

人間は何と申しても、一段でも高い教育が受けられるということは、この上もない幸せだからです。

しかしまた、かように上級学校へは行かずとも、検定試験などで中学教師の資格を得る人があれば、これまた大いに結構なことであります。

しかしながら、ただそれだけにとどまるとしたら、なるほど一応確かに結構には違いありませんが、同時にまたそれをもって、真に無上のこととは言えないと思うのです。

　それというのも、お互い人間として最も大切なことは、単に梯子段を一段でも上に登るということにあるのではなくて、そのどこか一ヵ所に踏みとどまって、己が力の限りハンマーをふるって、現実の人生そのものの中に埋もれている無量の鉱石を、発掘することでなくてはならぬからであります。

　さて、この際とくに注意を要する点は、いよいよ鉱石の発掘にとりかかろうとするには、どうしてもまず梯子段を上へ登ろうという考えを一擲《いってき》しなければならぬということです。

　登れたら一段でも上へ登ろうと思っている間は、岩壁の横腹へ穴を開け、その内に身をさし入れて、坑道をうがつことはできないからであります。

　こういうわけですから、人生の現実という絶壁に向かって、一つの坑道を切り開こうとする者は、単に世の中の外面上の地位の高下に眼をうばわれて、登れたら一段でも上へ登ろうというような考えを、一擲しなければできないことであります。もちろんその場合、梯子段を上へ登ることは断念しても、坑道そのものを切り開いて行こうとする意志は、断念するどころか、無限なわけであります。

さらにまた面白いことには、かように内へ内へと無限に坑道を掘っていきますと、始めのうちは鉄鉱ばかりが出ていたのに、坑道がしだいに大きくなるにつれて、そのうちには銅鉱も出て、さらには金銀鉱さえ掘り出されるというような場合も、現実には大いにあり得るということです。

そこで今諸君らとしては、もちろん事情の許す限り、奮発して上級学校へ行くがよいと思いますし、またそれができなくて、検定試験などを受けようとする人は、できるだけ努力して取るがよいでしょう。

しかしかような生き方のみが諸君らの真の生き方であると考えたら、それは大きな誤りだと思うのです。

もし諸君らの中に、「自分はどうしても上級学校へ行きたい。ところが家の事情は、どうしてもそれを許さない。もうやけくそである。どうにでもなるようになれ‼」というような考えを持っている人が、もし一人でもあったとしたら、これは実に惜しんでもなおあまりあることと言わねばなりません。

実際私には、それは涙のこぼれるほど残念なことであります。何故その人は、眼を翻《ひるがえ》して人生を大観しないのでしょうか。

そうして師範を出ただけで、高等師範を出た人にもとうていできないような仕事を、一生かかって開拓しようとする決心ができないのでしょうか。

高等師範を出たとて、ぼんやりしていれば、結局は単なる一中等教員で終わるのです。

つまりは一段上の梯子段で腰を下ろして、ボンヤリと絶壁を眺めて、一生を送るにすぎないのです。

そもそもハンマーをふるって、力の限り横に無限の坑道を、岩壁の奥深く発掘していくたくましい人間というものは、どの梯子段にもそう沢山はいないのです。

高等師範を出たと言っても、その大部分の人は、結局、一段上の梯子段に腰を下ろして一生を送る人たちです。

ですから、自分が上級学校へ行けないためにやけを起こすということは、なるほどその人の個人的な心情としては、大いに同情できないわけではありません。しかしだからと言って、いつまでもかかる態度から脱却し得ないというようでは、実に情けないことだと思うのです。

そこで諸君らのうち、上級学校へ行ける人は、大いに行くがよろしいが、上級学校へ行けないからと言って、決して失望は無用です。いわんや落胆をやです。さらにいわんや、自暴自棄に陥るにおいてをやです。

人間の真の強さというものは、このような場合に、決然として起《た》ち上がって、自分の道を雄々しく切り開いていくところにありましょう。

さて世の中の梯子段を、一段上へ登るということは、困難と言えば困難とも言えましょうが、しかし実際には比較的容易なこととも言えます。

たとえば高等師範などにしても、なるほど入学試験は多少厄介でしょうが、しかし一度入った以上は、よほどどうかしない限り、まず卒業はできると言ってよいでしょう。

ところが梯子段を上へ登ることを断念して、岩壁に向かいハンマーをふるって、一つの坑道を切り開くということになると、これは梯子段を上へ登るのとは、まったく比較にならないほどの難事業と言ってよいでしょう。すなわちそこには、自分の生涯を賭けて掘り抜かずんば已《や》まぬという、絶大な決心を必要とするからであります。

高等師範などは、四年たてば業は終わるのです。ところが岩壁を掘って、一つの坑道を切り開くということになりますと、それはまさに終生の事業と言ってよいでしょう。が同時にまたかように、一人の人間がその生涯をかけて切り開いた道というものは、単にその人一人にとどまることなく、後からくる幾多の人々がその恩恵に浴するのであります。

かくして諸君らは、今や自分の一生の志を立てるに際して、人生のこの二つの道について、改めて深く考えてみる必要がありましょう。諸君らは、果たしてそのいずれをとろうとしますか。

もちろん上級学校へ進んだからとて、諸君らに坑道発掘の道がなくなるというわけではありません。

が、同時にまた上級学校へ行ったからとて、必ず坑道を掘ってすすむ人間となるとは限らないのです。否、自分は高等師範を出たからといって、腰を下ろす人が大部分だと言ってよいでしょう。

だがそれはとにかくとして、要は人生の梯子段を上下するよりも、岩壁に向かって、一つの坑道を切り開くという点にあるということです。

ですからもし諸君らにして真にその覚悟ができて、坑道発掘のハンマーをふるい始めたとしたら、そこには一つのすばらしい途が開けると思うのです。

たとえば、諸君らが卒業後受け持った学級のうち、仮に小学校だけで終わるような生徒が多いような場合には、学歴としては小学校卒業だけであっても、へたに中等学校を出たもの以上にたくましく、人生を歩むような人間を、一人でも多くつくり上げるということになりましょう。

そして私は、かようなところにこそ諸君らが将来国民教育者として、国家社会に尽くす最も意義深い道があると思うものです。

同時にそれはまた、諸君ら自身にとっても、真に生き甲斐《がい》のある人生の道と思うのです。


先生の今日の講義には、一種の歎《なげ》きというか、悲しみというか、そういう調子があって沈痛な雰囲気が教室にたちこめていた。先生が教室から出ていかれてからも、しばらくの間それが消えずに漂っていた。

第6講　仕事の処理

先生、級長をして雑誌『渾沌《こんとん》』を配らされる。先生ご自身は『渾沌』の総目録とプリントの修身教授録を配布せられる。「このプリントを読んだ感想を来週の火曜に提出して下さい。それで昨日申した本の感想は、来年の学期始めに出して貰《もら》います」（この時O君挙手）「私はもう昨夜感想を書いてしまいました」

「そうですか、それは早いですね。それを称して拙速《せっそく》主義というのです。実は今日はそのことをお話しようと思っていたところです」

さて、われわれは国家社会の一員として、毎日その日その日を過ごしていくに当たっては、常に色々な仕事を処理していかなければなりません。

そこで、この仕事の処理ということは、上は大臣高官より、下はわれわれ一般国民に至るまで、その日々の生活は、ある意味ではすべて仕事の処理の連続であり、それに明け暮れていると言ってもよいほどです。

このことはまた諸君らのように、ご両親のすねを噛っている学生の身分でも例外ではなくて、なかなか仕事が多いようであります。

そこで仕事の処理法についてお話をすることは、必ずしも無駄ではあるまいと思うのです。

このように、われわれ人間の生活は、ある意味ではこれを仕事から仕事へと、まったく仕事の連続だと言ってもよいでしょう。

同時にその意味からは、人間の偉さも、この仕事の処理いかんによって決まる、とも言えるかと思うほどです。

かようなことを申しますと、諸君らは意外の感をされるかとも思いますが、しかしこの事は、それが一見いかにも平凡であり、つまらなく見えるだけに、かえってそこには、容易に軽蔑し得ない真理が含まれているかと思うのです。同時にこの真理は、ある意味では優れた人ほど、強く感じていられるのではないかと思います。

それというのも、一般に優れた人ほど仕事が多く、またその種類も複雑になってくるからであります。

そこでよほどしっかりしていないと、仕事の処理がつきかねるということにもなるわけです。すなわちどれを取ってどれを捨て、何を先にしてどれを後にすべきかという判断を、明敏な頭脳をもって決定すると共に、断乎《だんこ》たる意志をもって、これを遂行していかねばならぬからであります。

このように、仕事の処理いかんに、その人の人間としての偉さのほどが、窺《うかが》えるとさえ言えるほどであります。

実際われわれは、平生うっかりしていると、仕事の処理などということに、修養上の一つの大事な点があろうなどとは、ともすれば気付きがたいのでありますが、事実は必ずしもそうではないのです。

否、真の修養というものは、その現れた形の上からは、ある意味ではこの仕事の処理という点に、その中心があるとさえ言えるほどです。少なくとも、そう言える立場があると思うのです。

なるほど、坐禅をしたり静坐をすることなども、確かに修養上の一つの大事なことに相違ないでしょう。

あるいはまた、寸暇《すんか》を惜しんで読書をするということなども、修養上確かに大事なことと言えましょう。

しかしわれわれが、かような修養を必要とするゆえんを突きつめたら、畢竟《ひっきょう》するにわれわれの日常生活を、真に充実した深みのあるものたらしめんがための、方便と言ってもよいでしょう。

　ではそのように、日常生活を充実したものにするとは、一体何なのかと言えば、これを最も手近な点から言えば、結局自己のなすべき仕事を、少しの隙間《すきま》もおかずに、着々と次から次へと処理して行くことだと言ってもよいでしょう。すなわち、少しも仕事を溜めないで、あたかも流水の淀《よど》みなく流れるように、当面している仕事を次々と処理していく。これがいわゆる充実した生活と言われるものの、内容ではないでしょうか。

　さらにまた深みのある生活と言っても、この立場から見たならば、自分のなすべき仕事の意味をよく知り、その意義の大きなことがよく分かったら、仕事は次つぎと果たしていかれるはずであって、そこにこそ、人間としての真の修養があるとも言えましょう。

　否、極言すれば、人生の意義などといっても、結局この点を離れては空となるのではないでしょうか。

　また実にそこまで深く会得するのでなければ、仕事を真にとどこおりなく処理していくことは、できまいと思うのです。

そこで、今かような立場に立って、仕事の処理上の心がけとも言うべきものを、少しくお話してみたいと思います。

それについて第一に大切なことは、先にも申したように、仕事の処理をもって、自分の修養の第一義だと深く自覚することでしょう。この根本の自覚がなくて、仕事を単なる雑務だなどと考えている程度では、とうてい真の仕事の処理はできないでしょう。

実際この雑務という言葉は、私達のよく耳にする言葉ですが、「一言もってその人を知る」とは、まさにこのような場合にも当てはまるかと思うほどです。それというのも、その人自身それを雑務と思うが故に雑務となるのであって、もしその人が、それをもって自分の修養の根本義だと考えたならば、下手な坐禅などするより、遙《はる》かに深い意味を持ってくるでしょう。

さて次に大切なことは、このような自覚に立って、仕事の本末軽重をよく考えて、それによって事をする順序次第を立てるということです。すなわち一般的には大切なことを先にして、比較的軽いものを後回しにするということです。

また時には、軽いものは思い切って捨て去る場合もないとは言えないでしょう。捨て去る場合には、断乎として切って捨てるということが大切です。

これ畢竟するに私欲を断つの道でもあるからです。同時に、このような私欲切断の英断が下せなければ、仕事はなかなか捗《はかど》らぬものであります。


次に大切なことは、同じく大事な事柄の中でも、大体何から片付けるかという前後の順序を明弁するということです。

この前後の順序を誤ると、仕事の処理はその円滑が妨げられることになります。

そしてこの前後の順序を決めるには、実に文字通り明弁を要するのであります。理論を考える上にも、明弁ということが言えないわけでありませんが、しかし現実の実務における先後の順序を明らかにするに至って、文字通り明弁の知を要すると思うのです。

さて次には、このように明弁せられた順序にしたがって、まず真先に片付けるべき仕事に、思い切って着手するということが大切です。この「とにかく手をつける」ということは、仕事を処理する上での最大の秘訣と言ってよいでしょう。現にこのことは、ヒルティという人の『幸福論』という書物の中にも、力説せられている事柄であります。

ついでですが、このヒルティの『幸福論』は有名な書物ですから、諸君らもそのうちぜひ一読されるがよいと思います。

ところがヒルティはこの書物の巻頭を、まずこの仕事の処理法という問題に充《あ》てているのです。もって仕事の処理ということが、人間の修養上、いかに重大な意味をもつかがお分かりでしょう。

そこで諸君らも、他日世の中へ出て、近頃はどうも仕事が渋滞して困ると思ったら、このヒルティの『幸福論』をとり出して、その最初の論文を読んでみられるがよいでしょう。おそらく、仕事に対する諸君の陣容は、即時立て直されることでありましょう。

それ故ここには、「まず着手する」ということが、仕事の処理上何故重大な意味を持つか、ということの詳しい説明は、その方へ委《まか》せるとして、次に大切なことは、一度着手した仕事は一気呵成《いっきかせい》にやってのけるということです。

同時にまたそのためには、最初から最上の出来映えを、という欲を出さないということです。

すなわち、仕上げはまず八十点級というつもりで、とにかく一気に仕上げることが大切です。

これはある意味では拙速主義と言ってもよいでしょうが、このいい意味での拙速主義ということが、仕事の処理上、一つの秘訣と言ってよいのです。

ですから、もしこの呼吸が分からないで、へたな欲にからまって、次つぎと期日を遅らせなどしていますと、いよいよ気はいらだってきて、結局最後のおちは期日が後れて、しかもその出来映えさえも、不結果に終わるということになりましょう。

大体以上のようなことが、仕事の処理上のこつであり秘訣と言ってよいでしょう。

しかしその根本は、どこまでも仕事を次つぎと処理していって、絶対に溜めぬところに、自己鍛錬としての修養の目標があるということを、深く自覚することです。

それというのも、そもそも仕事の処理ということは、いわば寡兵《かへい》をもって大敵に向かうようなものであって、一心を集中して、もって中央突破を試みるにもひとしいのです。同時にまた広くは人生の秘訣も、結局これ以外にないとも言えましょう。

実際あれこれと気が散って、自分がなさねばならぬ眼前の仕事を後回しにしているような人間は、仮に才子ではあるとしても、真に深く人生を生きる人とは言えないでしょう。

もし諸君らの中に、私のこの言葉をもって、「これは自分のことを言われている」と感じる人があったとしたら、今日限りその人はいわゆる散兵方式を改めて、自分の全エネルギーを一点に集中して、中央突破を試みられるがよいでしょう。同時にこの点に関する諸君らの生活態度の改善は、実は諸君らの人格的甦生《そせい》の第一歩と言ってよいでしょう。

先生講義が終わって礼をされてから、「真に徹底して仕事の処理のできる人は、それだけですでにひとかどの人物と言ってよいでしょう」と言って、微笑されながら教室から出ていかれた。

第7講　誠

先生、いつものように、ていねいに礼をされ、題目を板書せられてから「諸君、妙なことを申すようですが、諸君らは将来教壇に立ったら、白墨は太い方から使うがよいでしょう。これを唱えられた人が、私の知っている範囲で二人あります。その一人は泉北の孝子、島田安治郎先生であり、今一人は諸君もご存じの芦田恵之助先生です。このうち、島田先生の方は詳しいことは存じませんが、経済の方から入って、結局『もったいない』という宗教的な立場からであろうと思います。

次は芦田先生ですが、先生は純粋に教育の立場から着眼せられたようです。諸君らのうち一度でも先生のご授業を拝見した人ならすぐ気付くことですが、先生の板書は実にお立派で、板書一つを見ても、まさに天下一品と言えましょう。ところがあの板書の文字は、どうしても白墨の太い方からでないと書けないということです。

これはなかなか面白い問題で、実際さもあろうと思われます。つまり教育の一道に徹すると、白墨の使い方一つも、重大な問題となってくるわけです。このように、これら二人の方は、出発点こそ違え、その到達せられたところが、おのずから一に帰したということは、はなはだ興味深いことです。しかしこれは考えてみれば、何ら不思議なことではなく、きわめて当然なことと言えましょう。何となればすべて物事の真実を突きつめていけば、同じところへ落ち着くものだからであります」

さてこの話はそれだけとして、わが国における学校の教師は、おそらく幾十万とあることでしょう。

いわんや維新以後教師になった人の延べ人員を数えたら、おそらく幾百万と言ってもなお足りないほどでしょう。

しかもそれほど数多い教師の中で、白墨の使い方一つについても、太い方から使わねばならぬと主張せられた人となると、そんなに多くはないでしょう。

もちろん以上二先生以外にも、ないわけではないでしょう。無名に終わられた先生たちのうちにも多年の経験からして、同一結論に到達した人も少なくはないでしょう。

だが、同時にさほど多くもないでしょう。いわんやその波紋が、天下に拡がっている人と言えば、結局、芦田先生をもって嚆矢《こうし》とする外ないでしょう。

そこで諸君らも将来教壇に立ったら、この一事だけでも忘れずにいれば、そこにその程度なりに教育の道が行われるわけです。

どうも今日わが国の教育界においては、まだ真の意味において教ヽ育ヽ者ヽの道というものが確立するまでに至っておりません。

なるほど教育の制度、校舎の建築その他、設備上のことがらは、ずいぶん整備せられて、それこそ全国津々浦々にまで行きわたっていますが、しかし一たび教育者の道ということになりますと、まだ決して確立せられているとは言いがたいでしょう。

では、だれがこれを打ち立てるかというに、結局それは諸君ら一人びとりの将来の責任という外ないでしょう。

が同時にまたその一歩は、現在すでに踏み出されつつあるわけです。

昨年の春以来私は、諸君らに向かって、たびたび「一道を開く」とか、「一道を興す」というような言葉を使ってお話をして来ましたが、しかしこれは、諸君らの眠っている魂をゆり動かし、これを燃え上がらせるための方便であって、実は真実の道というものは、自分がこれを興そうとか、あるいは「自分がこれを開くんだ」というような考えでは、真に開けるものではないようです。

同時にこの点は、実に大事な問題だと思うのです。

では真実の道は、一体いかにして興るものでしょうか。

それには、「自分が道を開くのだ」というような一切の野心やはからいが消え去って、このわが身わが心の一切を、現在自分が当面しているつとめに向かって捧げ切る「誠」によってのみ、開かれるのであります。

が同時にそれだけに、この誠の境地には容易に至りがたく、実に至難なことだと思うのです。

と申すのも、お互い人間の誠には、「もうこれでよい」ということはないからです。

すなわち、「もうこれくらいならよかろう」と腰を下ろしたんでは、真の誠でないからです。

真の誠とは、その時その時の自己の「精一杯」を尽くしながら、しかも常にその足らざることを歎《なげ》くものでなくてはならぬからです。

その意味からは、誠はまた綱渡りに喩《たと》えることもできましょう。そもそも綱渡りというものは、決して中途でとどまることのできないものであります。

つまり向こう側にたどりつくまでは、どうしても常に進まねばならぬのです。

同時に綱渡りで向こう側へたどりついて「やれやれ」とホッとするのは、これを現実の人生で申したら死ぬ時です。

すなわちわれわれが、この肉体の束縛から解放せられた時、それが綱渡りの終了した時です。そこでそれまでの間、すなわち生きている間は、一瞬の油断もなく、進みに進まねばならぬのです。

これ真実の生活というものであり、すなわちまた誠に外ならぬわけであります。綱渡りが喝采《かっさい》を受けるのは、なるほど途中でも喝采は受けましょうが、しかし真の喝采となると、どうしても向こう側へ着いてからでないと、真の喝采とは言えないでしょう。

と言うのも、もしも万一のことがあったならば、途中での喝采はたちまち無効になるからです。

そこで真に間違いのない喝采となると、やはり首尾よく綱を渡り終えてからでないといけないわけです。

同様に今、一人の人間の真価が本当に認められるのも、――もちろん、生前に認められるということもないわけではありませんが、――しかしどうしても動かぬところとなれば、やはり亡くなってからのことでしょう。

ところでここに注意を要する点は、なるほど綱渡りで真に喝采を受けるのは、向こう側へ着いてからのことですが、しかしそのように喝采せられる内容はどこにあるかと言えば、やはり綱を渡る間の渡り方にあるわけで、決して向こうへ着いてからの態度や状態ではないはずです。

同様にいま人間の真価が、本当に認められるのは、その人の死後に相違ないですが、しかもその真価は、死後にあるのではなくて、実に生前の生活そのものにあることを忘れてはならぬのです。

結局一口に申せば、その人の一生が、いかほど誠によって貫かれたか否かの問題でしょう。

実際、誠ということほど、言うにやすくして、その実行の困難なことはないでしょう。

われわれはサアと言えば「自分は誠でやったんだ」などと言いますが、しかし省みて真に誠と言い得るのは、実に容易なことではないと思います。

そこで一つごく卑近な例によって、誠への手がかりを申してみましょう。私が、今ある人から嗽《うがい》のために古い薬瓶を洗っておくようにと言いつけられたとしましょう。

そこでさっそく言われた通りに二、三度水を替えて、内側をきれいに洗ったとしましょう。

しかしそれでは実は最小限のことであって、まだ真実に真心をこめたとは言えないでしょう。

そこで一歩をすすめて、外側に残っていた古い紙片をはがしておく、つまり内外共にきれいにしたとしましょう。

同時に普通の立場から、まずこの程度で一応真心を尽くしたと思うでしょうが、しかしよく考えてみますと、この程度でもまだ十分に誠を尽くしたとは言えないと思うのです。

ではその上にどうしたらよいかというに、次には、中へちゃんと水を入れ、それに塩なら塩を添えて持っていくわけです。

まずこの辺までいって、いささか真心がこもったと言えましょう。

しかし考えようによっては、さらに塩を入れてよく加減しておくという場合もありましょうが、しかしこれは相手にもより、場合にもよることで、一概には言えないでしょう。


さて以上は、きわめて卑近な一例にすぎませんが、要するに誠に至るのは、何よりもまず自分の仕事に全力を挙げて打ち込むということです。

すなわち全身心を捧げて、それに投入する以外にはないでしょう。

かくして誠とは、畢竟《ひっきょう》するに「己を尽くす」という一事に極まるとも言えるわけです。

すなわち後にすこしの余力も残さず、ひたすらに自己の一切を投げ出すということでしょう。

しかしながら、このように自己の一切を投げ出すというには力がいります。否、実に絶大な力を要するのです。

そしてここに、誠が絶大な力と言われるゆえんがあるわけです。同時にこのように自己の一切を捧げ、己を尽くし切るところ、そこにおのずから一筋の道が開かれてくるわけです。

これは何も自ら道を開こうと考えてしたことではないのですが、自分が体当たりで打ちかかっていくところから、そこにおのずと開けてくる道と言ってもよいでしょう。

これに反して、自ら一道を開こうと考えるのは、実はそこにまだ「我」が潜んでいますから、真の「誠」とは言えないわけです。

なるほど最初に起《た》ち上がるには、そうした意気込みや気概も必要でしょう。しかし真の道というものは、決してそれのみで開かれるものではありません。真の一道が開かれるのは、かくして起ち上がった自己の内なる醜《みにく》い我見をえぐり出して、かくして浄《きよ》められた自己の全心身を、己がつとめに対して、投げ込み捧げ切るところ、そこに初めて開かれてくるのであります。

それは最初に申したように、白墨の使い方一つに至るまで、そこに真心がこもるところまでいかねばならぬわけです。

精神がこもるとは、生命がこもるということであり、生命の全充実に至って、初めてそこに、おのずからなる一道が開かれるというものでしょう。

かくして真の「誠」は、何よりもまず己のつとめに打ち込むところから始まると言ってよいでしょう。

すなわち誠に至る出発点は、何よりもまず自分の仕事に打ち込むということでしょう。

総じて自己の務めに対して、自己の一切を傾け尽くしてこれに当たる。

すなわち、もうこれ以上は尽くしようがないというところを、なおもそこに不足を覚えて、さらに一段と自己を投げ出していく。これが真の誠への歩みというものでしょう。

そこで真の誠への歩みは、またこれを「全充実の生活」と言ってもよいわけです。

古来、誠ほど強いものはないと言われるのも、要するにこの故でしょう。諸君らもご承知のように、松陰先生は「至誠にして動かざるものは未だこれあらざるなり」とおっしゃっていられますが、諸君らはこれを只事《ただごと》と思ってはならぬのです。

自分のすべてを投げ出していく必死の歩みなればこそ、誠は真の力となるのです。

この趣が分からないで、何らの反省もない独りよがりな自分の独善的態度をもって、誠と考えている程度では、松陰先生のこのお言葉の真の趣など、とうてい分かりっこないでしょう。

同じく水面に石を落とすにしても、石をドボンと落としたんでは、波紋はほとんど拡がりませんが、もし大きな波紋を描こうとしたら、力の限り石を水面に投げつけねばならぬでしょう。

同様に人間の誠も、いい加減に構えているような無力な生活態度でなくて、真の全力的な生命がけの生活でなくてはならぬのです。

否、全力的な生活などということさえ、なお生温《なまぬる》いのです。

真の誠は、このわが身、わが心の一切を捧げ切る常住捨て身の生活以外の何物でもないのです。


今日は朝からずいぶん寒い日だと思っていたが、この一時間は、終始緊張して時のたつのも忘れていた。先生、例のように一礼の後、静かに教室を出ていかれた。

第8講　三十年

さて諸君たちはこの題を見て、ちょっと異様な感じがするでしょうが、実は私がこの一年間諸君らと接することによって諸君に希望し、また多少とも諸君の収穫となり得るものがあるとしたら、それはある意味ではこの「三十年」という一語の中にこもると言ってよいかも知れません。

と申すのも、そもそも人生というものに関しては、そこに色々な考え方がありましょう。

しかし、それはそれとして、とにかく人生の味わいは深いのです。

このように、人生の味わいが限りもなく深いということは、同時にまたその味わいが、限りもなく複雑だということでもあります。

もちろん人生は、これを外側から見れば、きわめて単純なものとも言えましょう。

つまり生まれて、食って寝て大きくなって、そして結婚して人の子の親となり、最後は年をとって死ぬ——これをもっと簡単に言えば、結局人間は生まれてそして死ぬ——という、ただそれだけのことだとも言えましょう。

実際、人生と言うてみたところで、つまるところ、この「生まれて死ぬ」という「生から死へ」の間にすぎぬとも言えるのです。

したがってまた偉人と凡人の差も、結局はこの生から死への間を、いかなる心がけで過ごすかという、その差に外ならぬとも言えましょう。

さてこのように人生を、「生から死への間」というと、諸君たちは「なるほどそれはそれに違いないが、しかし人生はざっと見積っても、まず七十年近くはあるのに」と、こう考える人が多かろうと思います。

しかしですね、人生の正味というものは、決して七十年もあるわけではないのです。

否、おそらく五十年とはない人が多いでしょう。諸君はまずこの点について、迷いの霧を払わねばならぬでしょう。

私がここに「三十年」という題を掲げたのは、実は人生の正味というものは、まず三十年くらいのものだという意味です。

実際人間も三十年という歳月を、真に充実して生きたならば、それでまず一応満足して死ねるのではないかと思うのです。

かように申すと諸君は、私という人間は、平生諸君に向かって、人間はすべからく大志大欲を持たねばならぬと言うていながら、一方には何と欲の少ない人間かと、意外に思われるかも知れません。

しかし私は、そうは考えないのです。

人間が真に充実した歳月を三十年も生き得たとしたら、それで一応は十分と言わねばなるまいと思うのです。

これに対して諸君らは、どう思われるか知りませんが、私としては、それ以上の望みはないと言ってもよいのです。

それにしても私が、この人生に対して、多少とも信念らしいものを持ち出したのは、大体三十五歳辺りからのことでありまして、それが多少はっきりしてきたのは、やはり四十を一つ二つ越してからのことであります。

ですから、もし多少とも人生に対する自覚が兆し出してから、三十年生きられるということになりますと、どうしても六十五、六から七十前後にはなるわけですす。もし今年から三十年ということになると、七十三歳になるわけで、そうなるとまず肉体的生命の方が先に参ってしまいそうです。

このように考えて来ますと、人間も真に充実した三十年が生きられたら、実に無上の幸福と言ってもよいでしょう。

否、私の現在の気持ちから申せば、それはずいぶん分ぜいたくな望みとさえ思われるのです。

このように人間の一生は、相当長く見積ってみても、まず七十歳前後というところでしょうが、しかしその人の真に活動する正味ということになると、先にのべたように、まず三十年そこそこのものと思わねばならぬでしょう。

一口に三十年と言えば短いようですが、しかし三十年たつと、現在青年の諸君たちも五十近い年頃になる。

その頃になると、諸君らの長女は、もうお嫁入りの年頃になるわけです（一同笑う。先生も微笑されながらつづけられる）。

長男はまず中等学校を卒業する。あるいは専門学校を卒業するかも知れません。少なくとも諸君らの息子の方が、現在の諸君よりも大きくなる頃です。

道元禅師は「某《それがし》は坐禅を三十年余りしたにすぎない」と言うておられますが、これは考えてみれば、実に大した言葉だと思うのです。

本当に人生を生き抜くこと三十年に及ぶということは、人間として実に大したことと言ってよいのです。

そこで諸君たちも、この二度とない一生を、真に人生の意義に徹して生きるということになると、その正味は一応まず、三十年そこそこと考えてよいかと思うのです。

ついでですが、私は、このように、人生そのものについて考えることが、私にとっては、ある意味では、自分の使命の一つではないかと時々考えるのです。ただ漠然《ばくぜん》と「人間の一生」だの「生涯」だのと言っていると、茫漠《ぼうばく》としてとらえがたいのです。

いわんや単に「人生は――」などと言っているのでは、まったく手の着けどころがないとも言えましょう。

そうしている間にも、歳月は刻々に流れ去るのです。

しかるに今「人生の正味三十年」と考えるとなると、それはいわば人生という大魚を、頭と尾とで押さえるようなものです。

魚を捕えるにも、頭と尾とを押さえるのが、一番確かな捕え方であるように、人生もその正味はまず三十年として、その首・尾を押さえるのは、人生に対する一つの秘訣と言ってもよいかと思うのです。

かように申しましても、なお若い諸君らには、「人生の正味は三十年しかない」などと言われるのは、やはり何か物足りない感じがするでしょう。これは若い諸君らとしては、一応もっともな話です。

しかし先ほど来申すように、よく考えてみれば、人生の真の正味は、結局三十年くらいということになるのです。それでもまた、必ずしも足りないというほどでもないのです。

道元禅師はたしか五十三、四歳で亡くなられたかと思いますが、坐禅されること三十年にして、ついに曹洞禅《そうとうぜん》という不滅の大道を、民族の歴史の上に築かれたのです。してみれば、その肉体的生命は、たとえ五十歳あまりで亡くなられたとしても、少しも遺憾はないわけです。

否、さきほど来申すように、人生の正味を真に充実して三十年を生きようというのは、考えようによっては、ずい分ぜいたくなこととも言えましょう。

というのも諸君、試みに小楠公《しょうなんこう》（楠木正行《くすのきまさつら》）をご覧なさい。あるいはこの間六百年祭の行われた北畠顕家卿《きたばたけあきいえきょう》にしても、これらの方々というものは、諸君たちもご存じのように、いずれも二十歳そこそこの若さで、亡くなっているのです。しかもその芳名は、千載《せんざい》の後にも薫っているのです。

では死後に芳名が薫るとは一体どういうことでしょうか。

それはその人の偉大なる真実心が、死後六百年の現在でもなお人心を動かして已《や》まぬということでしょう。

これらの人々が、身を捧げて尽くされたその忠誠の精神の偉大さは、もとよりいうまでもありませんが、仮に小楠公が後醍醐《ごだいご》帝から、弁内侍を給《たま》わるというお言葉のあった際、私は明日にも陛下のために、戦場の露と消えるかも知れない身でございますから、それを思えば、せっかくのお言葉ながら、ご辞退申し上げますとお断りした、あの一事だけをとって考えても、その真実心は六百年後の今日なお、私共の心の最も深いところに触れるのではないでしょうか。

かように考えて来ますと、人生の正味を一応三十年と考えても必ずしも不足でないことがお分かりでしょう。

ですから私達は、外面的な生命の長からんことを求めるよりも、人生を生きることの深からんことを求めるべきでしょう。

単にその生命の長さから言えば、植物の中には、人間よりも遥《はる》かに長寿な物も少なくはありません。さらに鉱物に至っては、その存在はほとんど皆半永久的と言ってもよいでしょう。

かくして人生の真の意義は、その長さにはなくて、実にその深さにあると言ってよいでしょう。

ではそのように人生を深く生きるとは、そもそもいかなることを言うのでしょうか。

畢竟《ひっきょう》するにそれは、真実に徹して生きることの深さを言う外ないでしょう。もし真実に徹して生きることが、真にその深さを得たならば、たとえ二十代の若さで亡くなったとしても、必ずしもこれを短しとはしないでしょう。

その点は啄木などについても、ある意味では当てはまると言えましょう。

孔子は「朝《あした》に道を聞かば夕《ゆうべ》に死すとも可なり」とさえ言われています。これ人生の真意義が、その時間的な長さにはなくて、深さに存することをのべた最も典型的な言葉と言ってよいでしょう。

そこで諸君らも、なるほど現在の諸君はまだ若いのですが、しかしこの人生を、そう果てしもなくあるものと考えないで、本当の正味は、せいぜい三十年くらいのものでしかないと、今のうちから考えてかかるがよくはないかと思います。

第9講　下坐行

すべて物事には、基礎とか土台とかいうものが必要です。

そして土台のしっかりしていない家は、平生は何ともないように見えても、いざ地震となって一揺りくると、すぐに傾くのです。

そもそも真実なものと、そうでないもの、ホンモノとニセモノとは、平生は一向にその相違は見えなくても、一たん事が起きると、まごうかたなくその相違が現れるものです。

そこでホンモノとニセモノとの相違は、かように事が起きるとか、あるいはまた永い年月がたつか、そのいずれかによって、必ずはっきりしてくるものです。

すなわちホンモノとニセモノの区別は、平生無事の際には、年月をかけることによって現れ、急変の場合には、立ちどころに分かるものです。

たとえば鍍金《ときん》などは、放っておいても時がたてば、いつしか剝《は》げてきますが、薬品につけてみるとか、さらにはやすりに掛けるという非常手段に訴えれば、立ちどころに、そのニセモノたることが明らかになるわけです。


そこでわれわれ人間も、どうしても真実を積まねばならぬわけですが、しかし事を積むには、まずその土台からして築いてかからねばなりません。

では人間を鍛えていく土台は、一体どういうものかというに、私はそれは「下坐行」というものではないかと思うのです。

すなわち下坐行を積んだ人でなければ、人間のほんとうの確かさの保証はできないと思うのです。

たとえその人が、いかに才知才能に優れた人であっても、またどれほど人物の立派な人であっても、下坐を行じた経験を持たない人ですと、どこか保証しきれない危なっかしさの付きまとうのを、免れないように思うのです。

ではここで「下坐行」というのは、一体どういうことかと申しますと、これは一寸《ちょっと》説明しにくいことですが、そもそも下坐行というものは、その文字から申せば、下坐とは元来下座ということであって、つまり一般の人々より下位につくことを言うわけです。（このときY君が万年筆をふったので、先生注意せられる。「諸君万年筆をふるクセは、今のうちに止めなければなりません。元来クセというものは、場所柄をかまわず出るものですから――。万年筆をふるクセ一つにも、その人の人柄のほどは見えるものです」）

さて下坐行とは、先にも申すように、自分を人よりも一段と低い位置に身を置くことです。

言い換えれば、その人の真の値打よりも、二、三段下がった位置に身を置いて、しかもそれが「行」と言われる以上、いわゆる落伍者というのではなくて、その地位に安んじて、わが身の修養に励むことを言うのです。

そしてそれによって、自分の傲慢心《ごうまん》が打ち砕かれるわけです。

すなわち、身はその人の実力以下の地位にありながら、これに対して不平不満の色を人に示さず、真面目にその仕事に精励する態度を言うわけです。

つまり世間がその人の真価を認めず、よってその位置がその人の真価よりはるかに低くても、それをもって、かえって自己を磨く最適の場所と心得て、不平不満の色を人に示さず、わが仕事に精進するのでありまして、これを「下坐を行ずる」というわけです。

もちろん人によっては、自ら進んで下坐の行を行ずる人もあって、たとえば一灯園などへ入って修業するというが如きは、これに当たるわけです。

しかし現実には、かような場合はむしろ少ないのであって、もちろんそこに意味のあることは申すまでもありませんが、しかし一般的には社会がその人を、その真価の通りに遇しない場合にも、何ら不平不満の色を示さないばかりか、それをもって、却《かえ》って自分を磨き、自己を鍛えるための最適の場所と心得て、これを生かして行くという、言わば受身的消極的な場合のほうが多いでしょう。
この場合、受身的消極的とは言っても、その価値は少しも劣らぬどころか、ある意味では、自ら進んでそうした立場に身をおく以上に、深い意味があるとも言えましょう。

このように下坐行ということは、今も申すようにその人の真の値打以下のところで働きながら、しかもそれを不平としないばかりか、却ってこれをもって、自己を識《し》り自分を鍛える絶好の機会と考えるような、人間的な生活態度を言うわけです。

そこで、たとえば世間にしばしばあるように、自分よりつまらない人間の下につかえて、なんら不安の色を見せないということなども、一種の下坐行と言ってよいわけです。

今これを諸君のような生徒としての場合について申してみますと、割合にそういう例は少ないでしょうが、それでも現在諸君等のうち一、二の人の経験しているように、かつては自分より下級生であった者の下になるとか、あるいはもと同級生であった者の下につくというような場合がそれでしょう。

人間というものは、かような立場に身を置いてみて、初めて真に人間的鍛錬を受けることができるのです。

泰山前に崩れるともたじろがない信念というものは、かつては自分と同級生であり、否、うっかりすると自分より下級生であった人の前に、頭を下げねばならぬような位置に身をおきながら、しかも従容《しょうよう》として心を動揺せしめないこの下坐行の修練によってのみ得られるものだと思います。

かように下坐行というものは、非常に深刻なものであって、諸君等のような学生時代においては、特殊の人以外には、あまり経験しにくいものでありますが、しかし諸君等が他日世の中へ出ると、こうした場合に遭遇することが、少なからず起こって来ることでしょう。そしてその人の真の値打というものは、そういう時になって初めて分かるものであります。

実際諸君らも、今後二十年もたちますと、うっかりすると現在同室の下級生で、諸君が色々と教えたり指図したりしている人々の中から、先方が視学（現在では指導主事）とか校長となって、諸君らの上へ来ないとは決して言えないのです。

そういう時に、ちゃんと校長は校長として、視学は視学としての格式において、十分その人に礼を尽くして、昔の関係などはおくびにも出すべきではないのです。

かりに向こうから、そういう調子で話しかけられたとしても、並みいる周囲の人々の手前、先方のために手際よく話を外へそらしてしまうのです。

そして相手の現在の身分を立てて、相手に傷のつかないように遇するのです。

こういう心遣いというものは、単にその人の才知才覚などによってできることではありません。

否、なまじい才知は、かような場合かえって変な態度となって、醜《みにく》いものとなりやすいのです。

そこでかような態度は、どうしてもその人が、その人生コースのどこかにおいて、一度は下坐の行に服して、人間が真に鍛えられているんでなければ、とうていできがたいことと言ってよいでしょう。

今朝も校長先生から、下級生の礼に対して、答礼ができないようではいけないという御注意がありましたが、私は生徒時代に、下級生の礼に対して答礼しないような人間は、やがて教師となっては生徒の礼に対しても答礼をしない人になると思うのです。

ですから、かような人は、ひとり教育者として資格がないのみならず、そもそも人間としても、心の感受性を欠いた人だと思うのです。

そういう石ころのような頑《かたく》なな心を持っている人に、どうして人間の魂の教育などできようはずはないでしょう。

そこで現在の諸君としては先ほども申したように、K君とかS君とかいうような特殊な経路をたどってきた人以外には、真の下坐行というものは、ちょっとできない境遇にあると言ってもよいでしょう。すなわち大方の諸君は、恵まれすぎているからです。

しかし正式の下坐行にはならなくとも、つねにこの点に心を用いて、たとえば普通なら当然下級生のすべき仕事の一つ二つを、人知れず継続するというようなことなどは、一つの工夫ではないかと思うのです。

とうぜん下級生のすべき仕事を、時には上級生たる諸君がしてみて、初めてそこに深い味わいも出てくるわけです。

あるいはさらに便所などで、人の粗相のあった場合など、人知れずこれを浄《きよ》めておくとか、あるいは廊下の鼻紙を拾うとか、また教室の机の中の鼻紙を、人知れず捨てるなどということを、自分の下坐行としてするのです。

実際自分が下坐行としてやろうという決心をしますと、あの鼻汁でじくじくぬれているような鼻紙でも、かえってそこにしみじみと身にしみるものがあるものです。

このように人間というものは、平生、事のない場合においても、下坐行として何か一つ二つは、持続的に心がけてすることがなければ、自分を真に鍛えていくことはできにくいものです。

たとえば掃除当番の場合などでも、友人たちが皆いい加減にして帰ってしまった後を、ただ一人居残って、その後始末をするというようなところに、人は初めて真に自己を鍛えることができるのです。

それが他から課せられたのではなく、自ら進んでこれをやる時、そこには言い知れぬ力が内に湧いてくるものです。

そこでこうした心がけというものは、だれ一人見るものはなくても、それが五年、十年とつづけられていくと、やがてその人の中に、まごうことなき人間的な光が身につき出すのです。世間の人々の多くは、世の中というものは当てにならないものだと申します。

しかし私は、世の中ほど正直なものはないと考えているのです。

ほんとうの真実というものは、必ずいつかは輝き出すものだと思うのです。

ただそれがいつ現れ出すか、三年、五年にして現れるか、それとも十年、二十年たって初めて輝き出すか、それとも生前において輝くか、ないしは死後に至って初めて輝くかの相違があるだけです。

人間も自分の肉体が白骨と化し去った後、せめて多少でも生前の真実の余光の輝き出すことを念じるくらいでなければ、現在眼前の一言一行についても、真に自己を磨こうという気持ちにはなりにくいものかと思うのです。

第10講　最善観

先生は、ほほ笑まれながら次のように言われる。

「実は私は諸君等の組の授業を、一番楽しみにしているのです。というのもこの講義は、諸君らと私との、いわば合作みたいなものだからです。つまり、こうして諸君らの顔を見ていないことには、一向話が出て来ないのです。諸君らがいないと、何一つできないのです。そこでまァ諸君たちのお陰で、この講義も生まれてくるというわけです。これ私が諸君らに対して、ひそかに感謝しているゆえんです。おそらくこの点は諸君よりも私の方が、感謝の度は深いだろうと思うんですが、いかがでしょう」

今日の題名は、諸君らにとっておそらく初耳でしょう。またひとり題名のみでなく、話の内容も諸君らには、ある意味では、むずかしい事柄かとも思うのです。

しかしながら、また考えようによっては、諸君らもすでに相当の年配になっているのですから、こういう種類の事柄についても、多少は話しておく必要もあろうかと思うのです。

ところでこれから私のお話する内容は、こう申すと変ですが、実は私自身の人生に対する根本信念の一面と言ってよいのです。

もちろんこれは、私如《ごと》きものが、初めて見出したというようなことではなくて、すべて古来の偉大な人々は、そこに趣の相違こそあれ、いずれも皆この点をしっかりとつかまれた人々であって、私の如きは、ほんのその一端にふれたにすぎないのです。

あるいはもっと適切に申せば、わずかにその匂いを嗅いだという程度にすぎないのです。

しかしその程度でありながら、私のような愚かな人間にとっては、ここまで来るのに、多少の苦しみをなめたあげくに、どうにかその所在が分かり出したというようなしだいです。

さて、それでは、それは一体いかなることかと申しますと、口で申せば、はなはだ簡単なことだとも言えましょう。

そもそもこの最善観という言葉は訳語でありまして、西洋の言葉では、オプティミズムという言葉がこれに相当しましょう。

通例は、これを「楽天観」とか「楽天主義」と訳するのが普通ですが、哲学のほうでは、これを「最善観」というのが普通になっています。

元来この言葉は、ライプニッツという哲学者のとなえた説であって、つまり神はこの世界を最善につくり給うたというのです。

すなわち神はその考え得るあらゆる世界のうちで、最上のプランによって作られたのがこの世界だというわけです。

したがってこの世における色々のよからぬこと、また思わしからざることも、畢竟《ひっきょう》するに神の全知の眼から見れば、それぞれそこに意味があると言えるわけです。

簡単に申しますと、大体以上のようなことになるわけです。

そしてライプニッツは、かような見解を説明するために、哲学者としての立場から、色々と説いているわけですが、今私はこの真理を、自分自身の上に受け取って、もしこの世が最善にできているとしたら、それを構成している一員であるわれわれ自身の運命もまた、その人にとっては、最善という意味を有しなければならぬと信ずるわけです。

このようなライプニッツの所説も、大学の学生時代には、一向現実感を持って受け取ることのできなかった私も、卒業後、多少人生の現実に触れることによって、しだいにその訳が分かりかけてきたわけであります。

そこで今この信念に立ちますと、現在の自分にとって、一見いかにためにならないように見える事柄が起こっても、それは必ずや神が私にとって、それを絶対に必要と思し召《おぼ》されるが故に、かくは与え給うたのであると信ずるのであります。ところが、「神が思し召されて――」などと言うと、まだ宗教心を持たれない諸君らには、あるいはぴったりしないかも知れません。

それなら次のように考えたらよいでしょう。すなわち神とは、この大宇宙をその内容とするその根本的な統一力であり、宇宙に内在している根本的な生命力である。そしてそのような宇宙の根本的な統一力を、人格的に考えた時、これを神と呼ぶわけです。

かく考えたならば、わが身にふりかかる一切の出来事は、実はこの大宇宙の秩序が、そのように運行するが故に、ここにそのようにわれわれに対して起きるのである。

かくしてわが身にふりかかる一切の出来事は、その一つひとつが、神の思し召しであるという宗教的な言い表し方をしても、何ら差し支えないわけです。すなわちこれは、道理の上からもはっきりと説けるわけです。

そこで、今私がここで諸君に申そうとしているこの根本信念は、道理そのものとしては、きわめて簡単な事柄であります。すなわち、いやしくもわが身の上に起こる事柄は、そのすべてが、この私にとって絶対必然であると共に、またこの私にとっては、最善なはずだというわけです。

それ故われわれは、それに対して一切これを拒まず、一切これを却《しりぞ》けず、素直にその一切を受け入れて、そこに隠されている神の意志を読み取らねばならぬわけです。

したがってそれはまた、自己に与えられた全運命を感謝して受け取って、天を恨まず人を咎《とが》めず、否、恨んだり咎めないばかりか、楽天知命、すなわち天命を信ずるが故に、天命を楽しむという境涯です。

現に私が本日ここにこの題目を掲げるに当たっても、最初「楽天知命」としようかとも思ったのですが、しかしそれではこの言葉が、余りに馴れっこになりすぎているために、かえって諸君らが、「フンそんなことなんか」といった調子になるといけないと思って、わざと諸君らには親しみの少ない、この最善観という ような題目を掲げたしだいですが、しかしその内容にいたっては、まったく同じことなんです。

私には、人間の真の生活態度は、どうしてもこの外にはないように思われるのです。

しかし実際にこの真理をわが身に受け入れ、自分の生活の一切を、この根本的信念によって処していくということになると、それは決して容易なことではないのです。

　そしてその第一の難関としては、まず最初は道理そのものとしても、これを成る程とうなずくということ自身が、すでに一個の難問と言ってよく、それは決して容易なことではないと思うのです。

　さらにまた、道理としては一応分かったつもりでも、いざ事がわが身に降りかかったとなると、やはりじたばたしなければならぬ所に、われわれ人間の愚かさがあると言えましょう。

　しかしながら、とにかく一応道理が分かれば、後は努力修養の問題ですから、まずさし当たっての難関としては、やはり道理として納得がいくということでしょうが、しかし実際にはこれすら、容易にはうなずきがたいことだと言えましょう。

　おそらく諸君らにしてからが、大部分の人はそうだろうと思います。

　では何故この道理は、そのように容易にうなずきにくいかというと、それは物事にはすべて裏と表があるのです。言い換えれば、日向《ひなた》と日陰とがあるわけです。ところが人間というものは、とかく自分の好きな方、欲する方に執着して、他の半面は忘れやすいのです。

諸君たちは、今は日向がよいと思うでしょうが、夏になると日向はごめんと言うに相違ない。

そこで不幸というものは、なるほど自分も不幸と感じ、人もまたそれを気の毒、哀れと同情する以上、一応たしかに不幸であり、損失であるには違いないでしょう。

しかしながら、同時にまたよく考えてみれば、かつては自分が不幸と考えた事柄の中にも、そこには、この人の世の深い教訓のこもっていたことが次第に分かってくるという場合も、少なくないでしょう。

ところがわれわれ人間は、自分が順調に日を送っている間は、とかく調子に乗って、人の情とか他人の苦しみなどというようなことには、気付きにくいものです。そこで人間は、順調ということは、表面上からはいかにも結構なようですが、実はそれだけ人間が、お目出たくなりつつあるわけです。するとその表面のプラスに対して、裏面にはちゃんとマイナスがくっついているという始末です。

同時にまた表面がマイナスであれば、裏面には必ずプラスがついているはずです。

ただ悲しいことにわれわれは、自分でそうとはなかなか気付かないで、表面のマイナスばかりに、気をとられがちなものであります。そして裏面に秘められているプラスの意味が分からないのです。そこでいよいよ歎《なげ》き悲しんで、ついには自暴自棄にもなるわけです。

ですから、要は人生の事すべてプラスがあれば必ず裏にはマイナスがあり、表にマイナスが出れば、裏はプラスがあるというわけです。

実際神は公平そのものですが、ただわれわれ人間がそうと気付かないために、表面、事なきものは得意になって、自ら失いつつあることに気付かず、表面不幸なものは、その底に深き真実を与えられつつあることに気付かないで、いたずらに歎き悲しみ、果ては自暴自棄にもなるのです。

いつも大勢の前で引き合いに出して、まことに相済まぬわけですが、私はK君やS君のように、ある意味で回り道された人は、なるほど一応はお気の毒と思いますが、しかしもし両君にして、そのことの背後には、いかに書物を読んでも、またどんなに沢山の金を積んでも、その他いかなることによっても得られず、ただその道を自ら身をもって通過した者のみが知ることのできる、人生の深い教訓のあることに気付かれたとしたら、両君の通られた回り道も、決して無駄でないばかりか、一、二年早く卒業するかつての日の、中学時代の同級生の何人も持ち得ない、人生の最も貴重な収穫を得られることを確信してやまないのです。

私がここにかようなことを申すのは、実は事柄こそ違え私自身も、両君とまったく同じような損な回り道を、過去十数年の生活においてたどることによって、今やようやくにして、ここに、この人生至上の真理に目覚めることができたわけです。

しかし両君以外にも、一々私が知らないだけで、おそらくすべての人が、それぞれの角度と程度において、それぞれに悩みや苦しみを持っていられることでしょう。ただ両君の場合は、外側からもよく分かることですので、まことに相済まぬことながら、例に引いたしだいです。

したがって他の諸君は、決してこれを他人事と考えてはいけないのです。実際両君だけのことではないのですから。

第11講　世の中は正直

「今年は、本科では諸君らの組と、二部一年生の授業を持っているわけですが、このように系統の違った生徒を、二種類受け持つということは、私としてもなかなか興味深いことです。つまり同じ種子を、地味の違った畑にまいて、それが将来果たしてどういう風に生えてくるかということが、私の興味の中心です」と言ってニコニコしていられた。

この「世の中は正直」ということは、この間お話した「最善観」の立場、すなわち「わが身に降りかかってくる一切の出来事は、自分にとっては絶対必然であると共に、また実に絶対最善である」という信念と共に、実は私が人生に対して、ひそかに抱いている二つの根本信念であると申してもよいのです。

では私が今、「世の中は正直」という言葉によって表そうとしているものは、一体いかなることかと申しますと、それは成程ちょっと考えますと、この世の中は、いわゆる「目開き千人、盲目千人」であって、なかなか正しい評価というものは得にくいものだとも言えましょう。

またそこからして、世の中というものは、随分不公平にできているものだとも言えましょう。

たとえて申せば、一方にはくだらない人間が、人に取り入ることがうまかったりして案外な評判を得、真価以上の高い位置についている例も、けっして少なくないことでしょう。

またこれに反して、ずいぶん立派な人でありながら、容易にその真価が認められないで埋もれており、世人もまた多くはその真価を知らず、したがって不遇のままに置かれているという場合も、けっして少なくないことでしょう。

このことは、手近なところで申しては、当たりさわりもあろうかと思いますが、たとえば諸君ら自身の間においても、生徒として先生方から見られる評価は、諸君ら同士の間で考えている評価とは、必ずしも常に一致するとは言えない場合もありましょう。

実際教師というものは、現在の制度では、教室以外において生徒諸君と接するということは、ほとんどありませんから、したがって生徒諸君らの真の値打を知るということは、なかなかむずかしいのです。

そこで先生方に対して巧《うま》く振るまう生徒は、ともすればよく思われ、これに反して意気とか気概とかを持った生徒は、ともすれば教師の側からは、面白く思われなかったりしがちです。

またそれとは反対に、いつも黙々として自己を養って努力しているような人が、ともすれば教師の視野から逸せられやすいということも、たしかに一面の事実だろうと思うのです。

このように、社会そのものが不公平であるばかりか、手近には、かく申す私自身も、その責任の一部に連なっている学校自身でさえ、真に実情を申せば、ただ今申したような点が、必ずしもないとは言えない現状でありながら、なおかつ私が「世の中は正直である」、否、「世の中は正直そのものである」ということを、自分の根本信念としているのは、果たしていかなる根拠において成立しているのでしょうか。

この点については、一つ諸君にとっくりと聞いていただかねばならぬと思うのです。

もちろんかく申せばとて、私とても、かような人生の根本的真理が、まだ人生の経験の浅い諸君にとって、うなずきやすいものとは思いません。

いわんやそれが深い信念となって、ただちに諸君らの血肉になろうなどとは思いません。

しかしとにかくに、こういう人生の根本問題についてお話ししておくということは、諸君らの将来のために、必ずしも無意味ではあるまいと思うのです。

さて、このように幾多の矛盾や不合理がありながら、しかも何故私は「世の中は正直そのものである」と信じているのでしょうか。

ついでですが、これは私自身としては、自分の生涯の歩みの上にも、確信している信念ですが、しかしされぱといって、一度や二度話を聞いた程度で、人にも信ぜられるほどに、たやすいものとは思いません。

いわんや何人もこれを信じるようにと、強要しようなどとは思わないのです。

もちろん私としては、かく信じた方が、その人のためとは思いますが、しかしただ今のところでは、他人をそうさせるというよりも、私自身が、その根本信念において、あくまで揺るぎなく生きていきたいと思うわけです。

さてそれでは、何故私は、この世の中を正直そのものと見るのでしょうか。

私は世の中が不公平であるというのは、その人の見方が社会の表面だけで判断したり、あるいは短い期間だけ見て、判断したりするせいだと思うのです。
つまり自分の我欲を基準として判断するからであって、もし裏を見、表を見て、ずっと永い年月を通して、その人の歩みを見、また自分の欲を離れて見たならば、案外この世の中は公平であって、結局はその人の真価通りのものかと思うのです。

たとえて申しますと、仮にここに、その人の真価以上、実力以上の地位についている人があったとして、このように真価以上、実力以上の地位にいるんだと判断せられることそのことが、すでに世の中の公平なことを示しているものと言えましょう。

つまりあの男は、実力以上に遇せられているぞと、陰口を言われることによって、ちゃんとマイナスされているわけです。
「あれは実力はないんだが、情実によって、あんな柄にもない地位について、得意になっているんだ」などと陰口を言われているとしたら、そのこと自身が、すでにマイナスされている証拠であって、世の中が正直で公平なことの、何よりの証拠と言ってよいでしょう。

あるいは先ほど申した諸君らの場合にしても、仮に教師に取り入ることの巧い生徒がいて、実際以上に先生の見込みはよかったとしても、クラスの連中から「彼奴《あいつ》、巧いこと先生に取り入ってるんだよ」と陰口を言われているとしたら、これすでに、それだけマイナスであって、畢竟《ひっきょう》正直そのものではないですか。


これに反して、なかなか気概があって、先生の方からそれだけその人物を認められていない生徒があったとしても、クラスの人々から「あれはああいう性質なんだから、先生の見込みはそれほどではないが、しかしいざとなると、なかなか頼み甲斐《がい》のある人間だよ」と言われ、あるいはさらに「ああいうことであの男が、先生に誤解されているのは、実際気の毒だ」などとクラスの人々の間で思われているとしたら、それ自身がすでに大きなプラスであって、やはり世の中は正直そのものではないですか。

あるいは黙々として独り修めているような人でも、その努力と人柄とは、他日いつかはその真価が認められ、さらには人を動かす力を貯えつつあるのではないでしょうか。

かように考えて来ますと、結局「世の中は正直そのもの」と言わざるを得ないでしょう。

少なくとも私自身は、自分の身の上について、かく確信しているしだいです。もちろん私とても、始めからかような信念を持っていたわけではなく、否、そういう点については、ずいぶん人一倍、迷いもし歎《なげ》きもしたのですが、しかしこ五、六年くらい前からは、年と共にしだいにかような信念が深まりつつあるのです。

そもそも世の中が不公平であるというのは、物事の上っつらだけを見て、ことに短い期間のみを見ているためであって、少しく長い眼で見るならば、結局世の中は、普通の人々の考えているよりも、はるかに公平なものでしょう。

否、私自身の信念から申せば、世の中ほど公平なものはないと思うのです。神は至公至平であって、神の天秤《てんびん》は、何人においても例外なく平衡《へいこう》ですが、ただそうと気付かない人には、水平でありながら、それが水平と分からないのです。水平と分からないものは、もともと水平と信じないからです。そうしてこのような神の天秤の公平さが、形の上に現れたものが、すなわち世の中は正直ということになるわけです。

ところが神を公平だと思う人は、必ずしも少なくはないでしょう。何らかの宗教を信じている人なら、仮に神という言葉は使わないとしても、結局は皆そう思うていると言ってよいでしょう。

ところが、私がここに申しているのは、少しくその趣が違うのです。というのも私には、この世の中の正直さが、実は神の至公至平の顕《あらわ》れだと考えるわけです。しかるにふつうの宗教家は、神の至公至平なことは認めながら、この世の中は不公平とする人が多いようです。

そして、死んで天国極楽へ行って、初めてその正当な報いを受けると説くようです。

ところが私は、世の中そのものが、そのまま神の公平さの顕れであって、神の公平と世の中の正直とは、実は別物ではないと思うのです。

それ故、別に死んでから浄土や天国へ行って報いを求めなくても、すでにこの世において、十分に神の公平さは顕れていると考えているわけです。

どうも私には、これでなくては、真の安心立命にはならないように思われるのです。

ところが偉大な人になりますと、世の中は正直ということが、その人の生きている間だけでなくて、その人の死後になっていよいよはっきりしてくるようであります。

たとえば藤樹先生や松陰先生のお偉さなどは、その方々が亡くなられてから、初めて十分に現れて来たと言ってよいでしょう。

が、そこまではいかなくても、世の中が正直だということは、この一生を真実に生きてみたら、おのずと分かることだと思います。

それが正直と思えないというのは、結局そこに自分の自惚《うぬぼ》れ根性がひそんでいるせいです。同時にこの点がほんとうに分かると、人間も迷いがなくなりましょう。


それ故諸君も、在校中に、仮に先生方から、十分にその真価を認められないからといって、少しも悲観するには及ばないのです。

真実というものは、必ずやいつかは現れずにおかぬものだからです。

それにしても、諸君らのほんとうの値打は、ある意味ではわれわれ教師よりも、同級生の方がよく知っているわけです。

実際われわれ教師というものは、案外お目出たいものですからネ。

しかし諸君は、われわれ教師に、諸君らの真価がよく分からぬからといって、それで世の中を不公平なものと速断《そくだん》してはいけないのです。

その点に関して、このあいだ豊橋で面白い話を聞いて来ましたから、ちょっとお裾《すそ》わけしましょう。

それは豊橋のある小学校に、子どもの調査を熱心にやっている先生があって、これをその学校の校長先生が発見して、ある時その先生の母校の岡崎師範へ行って、師範学校の校長先生に話したところ、師範の校長先生が、またその話を専攻科の生徒に話したというのです。

すると生徒の一人が立って「それは多分○○君のことでしょ。そういうことは、彼以外にやる者はないはずです」と答えたというので、師範の校長先生も驚かれたというのです。

人間もここまで来んといけないですね。

実際世の中というものは、案外正直なものでしょう。ですから、諸君たちもこれを信じて、どうぞしっかり生き抜いてください。

第12講　真面目

礼がすむと先生、「諸君はもう『松陰全集』の申し込みをしましたか、実はこの間女子師範でちょっと専攻科生九人にすすめて、同時に本科の人たちにも伝えてくれるようにと話しておいたのです。ところが今日向こうへいって聞きますと、何でも一週間のうちに九十人も申込者があったとのことです。これは出入りの本屋がそう言っているのですから間違いのないことです。してみると、本校の三十余人の申込みも、あまり大したことではなくなりました。というのも女子師範では、生徒の数が本校の六割くらいしかないのですから――。女子にしてすでにかくの如《ごと》しです。諸君も一つ負けないように、しっかりやってもらいたいものです」

さて「真面目」というような題を掲げますと、諸君は「何のことだ、珍しくもない」と思うことでしょう。

なるほど、人によって多少の差はあるとしても、まず大部分の人が、一応そのように感じるのではないかと思います。もし間違っていたら、これは私のひがみですから、どうぞご勘弁を願います。

しかしながら、もし私の以上の感じが、単なるひがみでなくて、大体当たっているとしても、それは自然でもありまた当然だとも思うのです。

というのも、すべて人生において最も大事な事柄というものは、常に繰り返されるものです。

ところが、そのように常に繰り返されることからして、しだいに馴れっこになり、ついには言葉だけになって、事実と言葉とが離ればなれになるのです。

そうなると、いかに重大な事柄に対しても、一向驚かなくなるのです。

いま真面目というような言葉もその一つであって、お互いにこの言葉に対しては、もう馴れっこになってしまったのです。

それ故この言葉を聞かされても、一向ピリッとエレキがかからなくなっているのです。

そして「ナンダ珍しくない」と思うんです。

否、うっかりすると「なんだ」とさえ感じなくなったとも言えましょう。

ところが今この真面目という字を、真という字の次に、「の」の字を一つ加えてみたらどんなものでしょう。

そうしますと、言うまでもなく「真の面目」と読まねばならぬことになります。

ところがこうなると、一つの新たなる展開となりましょう。

すなわち真面目ということの真の意味は、自分の「真の面目」を発揮するということなんです。

こうなると、言い古された、最も平凡と思われていたこの言葉が、ここに一つの新たなる力を持って臨んでくるのです。

すなわちわれわれは、今や新たなる心構えをもって、改めてこの言葉と取り組まねばならなくなるのであって、実際そこには、一種の情熱をさえ感じるほどです。

そもそもわれわれは、自分の真の面目を発揮しようとしたら、何よりもまず全力的な生活に入らなければなりません。けだし力を離れて、自己の真の面目のしようはないからです。

かように考えてきますと、いわゆる「真面目」という言葉の真意は、普通に「まじめ」という言葉のリズムによって、ともすれば誤り考えるような、単に無力なお目出たさでないことが分かるでしょう。真面目において最も本質的なことは、何よりもそれが全力的な生活でなければならぬということです。

すなわち、力の全充実でなくてはならぬということです。

また実にそうあるべきであって、真面目という言葉の反対は色々ありましょうが、まずふざけているということでしょう。

ところがこのふざけているということは、言い換えれば体当たり的に、自己の全力を挙げてそのことにぶつからないで、あるいはそのことを回避し、あるいは小手先で操っている態度を言うのでしょう。

かように真面目ということは、その反対語の「ふざけている」という言葉の内容から推してみても、それが力の全充実であり、全力的生活でなければならぬということが明らかです。

かくして真面目ということは、いわゆる無力な人間のお目出たさではなくて、最も男性的本格的な全力生活だということが分かりましょう。

したがってこれを実行上の工夫から申せば、八つのことをするにも、常に十の力をもってこれに当たるということです。

また十のことをやらねばならぬ場合には、まさに十二の力をもってこれに当たるということです。

人間はいつも「マアこれでもすむ」という程度の生温《なまぬる》い生き方をしていたんで

は、その人の真の面目の現れようはないでしょう。「これでもすむ」というのは、いわば努力の最低限の標準で、物事を処理しているということです。

たとえて申せば、この学校では卒業期が近くなると「マア欠点さえとらねばよい」、という考えで、勉強の手加減をする生徒もあるということですが、そういうのは、真の面目発揮とは、まさに天地の相違です。

真面目な態度とは、これを試験について言えば、まさに百二十点を目標として、先生方が百点の人と区別をつけるのに、困るくらいの意気込みでやることです。それでなくては、無限な生命力の発現としての真面目の発揮とはならないからです。

人間もこの呼吸を身につけて、こうした態度の爽快《そうかい》さと痛快さを会得しない間は、未だ真に人生の男性的な快味を会得したものとは言えないでしょう。

たとえて申せば、卒業後普通の人は、大した努力もしないでいて、俸給が上がらないと言っては、陰でぶつぶつと不平を言っているようですが、これに反して真実の態度とは、全力を挙げて、努力また努力、そして嶄然《ざんぜん》頭角を抜いてはいるが、しかし法規のために、規定の年限内には昇給させることができず、どうも気の毒だと心ある人々をして感ぜしめるほどの全力的生活をするんでなくてはならぬのです。

すなわち常に自己の力のありったけを出して、もうひと伸《の》し、もうひと伸しと努力を積み上げていくんです。

そこで真面目とは、その努力において、常に「百二十点主義」に立つということです。

もしこの態度を確立したならば、人生の面目はすっかり変わって来るでしょう。それはたとえて言えば、いま諸君が同じく物を人にあげる場合にも、先方から「くれ」と言われてあげるのは、大して面白くないでしょう。

ところが、こちらから積極的に「おい、やるぜ」と出したら愉快でしょう。

われわれの仕事も同様であって、いつも先方の要求や予想より、二、三割方余分の努力をするつもりでいると、第一気持ちが清々《すがすが》しくなるのです。

ちょうど人から借金しているのと、人に金を融通しているくらいの相違が、その生活の上に現れてくるのです。

もちろんお互い人間の力には、一面には限りがあると言えますが、同時にまた他面、限りのないものだとも言えましょう。

もちろん理屈の上からは、限りのあるはずですが、しかし実際には、力は後からあとからと出てくるものです。

したがってわれわれが、真の全力的生活に入り得ないのは、力がつづかないからではなくて、真にその気にならないからです。

力というものは、一たんその気になり、決心と覚悟さえ立ったら、後からあとからと無限に湧いて来るものです。

それはちょうど、井戸に水の湧くようなもので、もう汲み出してしまったと思っても、いつの間にやらまた溜っているようなものです。

そこで、真面目な生活に入るに当たって大事なことは、力の多少が問題ではなくて、根本の決心覚悟が問題です。

その上に、今一つ大事なことをつけ加えれば、時間をうまく使って、時間の無駄をしないということです。

私の考えでは、力の方は、一たん決心さえすればいくらでも湧いてくるもので、さほどに気にしなくてよいのです。ですから実際に当たって困るのは、むしろ時間に限りがあるということでしょう。

すなわち力というものは、限度がありそうでいて、実際には案外出るものですが、時間の方は明確に限度があるということです。

そこでほんとうの真面目な生活、すなわち全力的な生活に入るには、どうしても時間の無駄をしないということが、何よりも大切な事柄となるわけです。

しかしこの時間の問題も、結局はその人の根本の覚悟いかんによって決まると言ってよいでしょう。

すなわち人間は、人生に対する根本の覚悟さえ決まっていれば、わずかな時間も利用できるようになるものです。

してみれば人生のことは、すべては根本の決心覚悟の外ないわけです。実際「真面目、真面目」と口先ばかりでいくら言うてみたとて、それでどうなるものでもないのです。

それというのもその根本に、右に申したような決心覚悟を欠くからです。どうです諸君、真面目ということ一つでも、いろいろと考え方があるものでしょう。

馴れっこになって、埃《ほこり》っぽくなれば、時々表皮をはがしてみるんですね。そうすると、そこからまた新たな滋味が出てくるものです。真の修養とは、何よりもまず人間が、内面的に強くなることです。他の一切のことは、すべてそれからのことです。

第13講　敬について

今日は、礼の本質としての「敬」という問題についてお話ししましょう。

ところで普通には、礼儀を正しくすると言えば、何か意気地のない人間になることでもあるかのように、考えている人もあるようですが、そうではなくて、礼はその内面の敬のこころの現れです。

では敬とはどういうことかと申しますと、それは自分を空《むな》しうして、相手のすべてを受け入れようとする態度とも言えましょう。

ところが相手のすべてを受け入れるとは、これを積極的に申せば、相手のすべてを吸収しようということです。

ところが、相手のすべてを吸収しようとすることは、これをさらに積極的に申せば、相手の一切を奪わずんば已《や》まぬということだとも言えましょう。

ですから真に徹底した敬というものは、生命の最も強い働きに外ならぬわけです。

ですから、すべて尊敬するとか敬うということは、自分より優れたものを対象として発するこころの働きです。自分よりつまらないもの、自分より劣弱なものに対して、敬意を払うということはかつてないことです。

ですから敬うとは、自分より優れたものの一切を受け入れてこれを吸収し、その一切を奪いとって、ついにはこれを打ち越えようとする強力な魂の、必然な現れと言ってもよいでしょう。

しかるに世間では、人を敬うということは、つまらないことで、それは意気地のない人間のすることでもあるかのように、考えられているようですが、これは大間違いです。

それというのも、自分の貧寒なことに気付かないで、自己より優れたものに対しても、相手の持っているすべてを受け入れて、自分の内容を豊富にしようとしないのは、その人の生命が強いからではなくて、逆にその生命が、すでに動脈硬化症に陥って、その弾力性と飛躍性とを失っている何よりの証拠です。

そもそも人間というものは、単なる理論だけで立派な人間になれるものではありません。

理論が真に生きてくるのは、それが一個の生きた人格において、その具体的統一を得るに至って、初めて真の力となるのです。

したがって諸君らも、単に理論の本を読んでいるだけでは、決して真の力は湧いてこないのです。

真に自分を鍛えるのは、単に理論をふり回しているのではなくて、すべての理論を人格的に統一しているような、一人の優れた人格を尊敬するに至って、初めて現実の力を持ち始めるのです。

同時にこのように一人の生きた人格を尊敬して、自己を磨いていこうとし始めた時、その態度を「敬」と言うのです。

それ故敬とか尊敬とかいうのは、優れた人格を対象として、その人に自分の一切をささげる所に、おのずから湧いてくる感情です。

そこで仮に神仏を対象とした場合でも、これを単に冷ややかな哲学的思索の対象としている間は、まだ真に畏敬《いけい》の心を発するには至りません。すなわち、それはまだ眺めている態度にすぎないのです。

しかるに今それを神仏、すなわち絶大な人格として仰ぐとなると、そこに初めて宇宙的生命は、有限なるわれわれ自身の内へ流れ込んでくるのです。

バケツに汚い水を入れたままでは、決して新しい水は入らない。古い水を捨て去って、初めてそこに新たな水を満たすことができるのです。

尊敬の念を持たないという人は、小さな貧弱な自分を、現状のままに化石化する人間です。

したがってわれわれ人間も敬の一念を起こすに至って、初めてその生命は進展の一歩を踏み出すと言ってよいでしょう。

そこで諸君らが、将来教師となって最も大事な事柄は、まず生徒たちが、尊敬心を起こすようになることでしょう。

ところがこれは、それが教育の根本問題であるだけに、なかなかむずかしいことです。それには、一応内外二つの道が考えられましょう。

そのうち外側から入る道としては、先にものべたように、まず教師自身が、礼を正しくするということです。次には内面的な道としては、教師自身が、生徒から敬われるだけの人間になるということでしょう。

しかしこの後の方は、実に容易ならぬ問題です。というのも、生徒たちに対して自分を敬えとは、言えたことではないでしょう。

仮に万一左様なことを言ったとしたら、これほど滑稽《こっけい》なことはないでしょう。そして何らの効果もないどころか、あるのはただ逆効果のみです。

ではどうしたら生徒が教師を敬うようになるでしょうか。それには結局教師自身が、尊敬する人格を持つということでしょう。

実際人々から尊敬されるような人は、必ず自分より優れた人を尊敬しているものです。

そこで教育の根本問題は、どうしたら生徒たちが、自分を尊敬するようになるだろうかなどと、あくせくすることではなくて、まず教師自身が、自分の尊敬する人を求めて、生徒と共にその方の教えを受けるというような、謙虚な態度から出発すべきでしょう。

今日は諸君らも寒稽古がすんで疲れているようですから、時間はまだちょっとありますが、マア骨休めという意味でこれだけにしておきましょう。

まだ時間が十分ほどありますから、何か質問があったら。諸君は近頃えろう質問がなくなりましたね。始めの頃は大変な質問でしたが。つまり私という人間が、もう珍しくなくなったからでしょう。

新鮮さというものがなくなって、こんなことを聞けば、こんなふうに答えるだろうと考えるようになったんでしょうが、しかし同じ鐘でも叩きようでは、また違った音を立てるかも知れませんからね（笑）。

マア叩いてごらんなさい。誰か一つ一番槍《やり》を承ってはいかがです。時間が惜しいんですから――。

M　先生が最も尊敬せられる人は誰ですか――。

森　そうですね。私としてはやはり西先生（西晋一郎先生）ですね。もっともこう言うと、「では先生は、西先生を釈迦や孔子よりも偉いと考えるんですか――」とつめ寄られれば困るんですが、しかし私には、孔子の偉大さも西先生を通じて初めて分かったわけです。

つまり私には、東西古今の優れた人々の偉さも、多くは西先生を通じて初めて知ることができたのです。すべて現存の人の真の偉さというものは、なかなか分からないものです。

西先生のほんとうのお偉さが、一般的に知られるようになるには、今後なお、相当の歳月を要することでしょう。

ではこのくらいにして、次は誰か指名して譲ったらどうです。

それから、話はちょっと前へもどりますが、尊敬するということは、ただ懐《ふところ》手《で》を眺めているということではなくて、自分の全力を挙げて相手の人に迫っていくことです。

地べたをはってにじり寄っていくように——です。

つまり息もつけないような精神の内面的緊張です。薄紙一重もその間に入れないところまで迫っていく態度です。

K　先生、今私は迫ろうにも迫れませんのですが——。

森　そのようなことはありません。そのように思っているのは、君がまだ真に迫ろうとしていないからです。人間としてのほんとうの力が、また動き出していないからです。つまり生命の要求が弱いのです。

しかしされればと言って無理はできません。現に私も、高師在学中のまる四ヵ年というものは、一度も西先生のお宅へ伺ったことはありませんでした。

そうして大学を出て数年してからボツボツ先生の教えを受けるようになったのです。

実際人間というものは、自分の生命力の弱い間は、生命力の強い人にはなかなか近付けないものです。そこでそれまでは、内に力の湧いてくるまで、じっとしているることです。

ここに力の湧いてくるというのは、優れた人の真のお偉さが分かり出すまでということです。

自分が偉くなったと思うことではなくて、先生のお偉さが分かりかけるということです。

ついでですが、人間が嘘をつくというのは、生命力が弱いからでしょう。勤勉でないというのも、生命の弱さからです。また、人を愛することができないというのも、結局は生命力の弱さからです。

怒るというのは、もちろん自己を制することのできない弱さからです。沢庵石は重いからこそよいので、軽くては沢庵石にはなりません。自己を制することができないというのも、畢竟《ひっきょう》するに生命力の弱さからです。

そこで古来人類の歴史上、最も生命力の強かった人を聖人というわけです。そして次を賢人と言い、その次を英雄と言い、豪傑というのは一つ下です。それから下はただの人間です。

では今日はそこまで。

第14講　一日の意味

先生教室へ入られるや、「教師というものは、とくに冬向きになったら、教室の空気がどの程度濁っているかということが、点数でピシリと言えるようでなければいけないのです。この教室の空気は、今日はまず六十点くらいのものです。教師として教室の空気の濁りに気付かぬというのは、その精神が緊張を欠いている何よりの証拠です。つまり真に生徒のことを思っていないからです。ところが空気の濁りかげんは、教室にふみ入る最初の第一歩で判断しなければ分かるものではありません。教卓などの前に立ってから『さてこの教室の空気は…』などと考えているようでは、とても分かりっこありません。

次に諸君らの中で、武道の一級以上の人は、この冬は断じて風邪をひかないように。いやしくも一級ともあろう者が、ゴホンゴホンと咳《せき》をしているようでは、何のための武道か分かりません。まして有段者においてをやです。犬ではあるまいし、有段者ともあろう者が、首のまわりに白い布なんかグルグル巻いていているなど、実にみっともない限りです。Y君、君は何級ですか」「二級です」「ホー柔道ですか。案外やるんですね。とにかく武道や運動をやっている人は、単に技を磨いただけではいけないのです。一つの技で磨いた精神が、その人の生活のあらゆる方面に発揮されなくちゃいけないです。二級にもなった人が、内地の寒さで手袋などはめているようではいけないです。真の武道というものはこういうもので、諸君らは、こういう点に気付かなくてはいけないのです。こういう点に気付き出して、初めて真の武道であり修養です」

初めにちょっと申すんですが、諸君は階段を登るとき、まるで廊下でも歩くように、さらさらと登る工夫をしてごらんなさい。

というのも人間の生命力の強さは、ある意味ではそうしたことによっても、養われると言えるからです。

階段の途中に差しかかって、急に速度がにぶるようでは、それはその人が、心身ともにまだ生命力の弱い証拠と言ってもよいでしょう。

と申すのも、この場合階段というものが、やがてまた人生の逆境にも通ずると言えるからです。

この辺の趣が分からなくては、その人の人生もまだ本格的に軌道に乗ったとは言えないでしょう。

そこでまたお互い人間は、逆境の時でも、はたの人から見て、苦しそうに過ごすものではないとも言えましょう。

つまり階段の途中まできても、平地を歩くと同じような調子で登るのと同じように、人生の逆境も、さりげなく越えていくようにありたいものです。

しかしそのためには、非常な精神力を必要とするわけです。階段をさらさらと登るには、二倍の力ではなお足りないでしょう。少なくとも三倍以上の、心身の緊張力を持たねばできない芸当です。同時にここに人生の秘訣もあるわけです。

つまり人間というものは、ある意味では常に逆境に処する心の準備をしていなくてはいけないのです。

もう一つ突込んで言えば、人間は毎日逆境に処する際の心構えをしていなくてはいけないとも言えましょう。それが先ほど申したように、階段を登る際の呼吸ともなるわけです。

ところが、このような逆境に処する心構えというものを、もう一つ突きつめますと、結局は、死の問題となるわけです。

そこで私達は、日々死に対する心構えを新たにしていかねばならぬ、ということにもなるわけです。

試みに一例を申せば、夜寝ることの意味です。

一日の予定を完了しないで、明日に残して寝るということは、畢竟《ひっきょう》人生の最期においても、多くの思いを残して死ぬということです。

つまりそういうことを一生続けていたんでは、真の大往生はできないわけです。

いつも申すように諸君たちも、もう人生の三分の一近く過ごしているのです。ですから、いつまでもボンヤリしてはいられないわけです。

真の大往生を遂げようとすれば、まず今日一日の大安眠を得なければならぬでしょう。

ところが、今日一日の大安眠を得る途は外にはなくて、ただ今日一日の予定の仕事を仕上げて、絶対に明日に残さぬということです。

では今日一日の仕事を、予定通りに仕上げるには、一体どうしたらよいでしょうか。

それにはまず、短い時間をむだにしないということでしょう。

それについて私の感心したのは、昨日、専攻科のある生徒が電話で友人を呼んで、友人の来るまで控室で待つことを打ち合わせたというのです。

ところが、私がフト入ってみると、すでに五時をすぎた火の気のない控室で、盛んにせっせとものを書いているんです。――ついでですが、その生徒というのは、病気のために一学期間休学していた人なんです。

私はそれを見て「この寒い部屋で、今頃何をしているんです」と尋ねますと、「十五日に提出する国語の課題をやっています」という返事でした。

十五日なら、まだ五日も間があるのに、それをその寒い部屋で、しかも病後の身で、おまけに今にも来るか知れない友人を待ち合わせながら、夕闇のしのび寄っている中で、せっせとやっているのを見て私は、「もしこの人がこの心がけを一生忘れなかったら、必ずや一かどの人物になるに違いない」と思ったことでした。

実際これは若い人には、ちょっとできない芸当です。

今にも来るか知れない友人を待ちつつ、いよいよ来るまでの時間を、しかも暗くて寒い部屋の中で、おまけに病後の身をもって、そのわずかの時間を生かしているということは、相当年輩の人でも、ひと修業した人でないと容易にできないことだと思ったのです。

今さら事新しく申すまでもありませんが、今日という日は、一日に限られているのです。

人間の一生もまた同様です。そこでよほど早くからその覚悟をして、少しの時間もこれを生かす工夫をしていないと、最後になって慌て出すことになります。

ですから諸君らにも、もしその日の予定がその日のうちに果たせなかったら、「自分の一生もまたかくの如《ごと》し」と考えられるがよいでしょう。

そこでまたわれわれは、死というものを、一生にただ一度だけのものと考えていてはいけないと思うのです。

それというのも実は死は小刻みに、日々刻々と、われわれに迫りつつあるからです。

ですからまた、われわれが夜寝るということは、つまり、日々人生の終わりを経験しつつあるわけです。

一日に終わりがあるということは、実は日々「これでもか、これでもか」と、死の覚悟が促されているわけです。

しかるに凡人の悲しさには、お互いにそうとも気付かないで、一生をうかうかと過ごしておいて、さて人生の晩年に至って、いかに歎《なげ》き悲しんでみたところで、今さらどうしようもないのです。

人間も五十をすぎてから、自分の余生の送り方について迷っているようでは、悲惨と言うてもまだ足りません。

そこで一生を真に充実して生きる道は、結局今日という一日を、真に充実して生きる外ないでしょう。

実際一日が一生の縮図です。われわれに一日という日が与えられ、そこに昼夜があるということは、二度と繰り返すことのないこの人生の流れの中にある私達を憐《あわれ》んで、神がその縮図を、誰にもよく分かるように、示されつつあるものとも言えましょう。

そこで、では一日を真に充実して生きるには、一体どうしたらよいかが問題でしょう。その秘訣としては私は、その日になすべきことは、決してこれを明日に延ばさぬことだと思うのです。

そしてそれには、論語にある「行って余力あらば以《もっ》て文を学ぶべし」というのが、一つのよい工夫かと思うのです。

すなわち何よりもまず自分の仕事を果たす。

そしてその上でなおゆとりがあったら、そこで初めて本を読む。これ実に人生の至楽というものでしょう。

ここに「行って余力あらば」と言ってあるのは、自分のなすべき仕事をほったらかしておいて、ただ本さえ読んでいれば、それで勉強や学問かのように誤解している人が、世間には少なくないようですから、そこで実行ということを力説するために「行って余力あらば」と申されたわけで、実際には仕事をなるべく早く仕上げて、そして十分の余力を生み出して、大いに読書に努むべきでしょう。

ではなぜ読書の必要があるかと申しますと、人間は読書によって物事の道理を知らないと、真の力は出にくいものだからです。

そもそも道理というものは、ひとりその事のみでなく、外の事柄にも通じるものです。

たとえば始めに申したように、階段を登るときは、さらさらと最後まで軽やかに登るということのうちに、やがてまた人生の逆境に処する道も含まれている、というようなことをいうわけです。

そこで、かような道理を心得ている場合と、ただ階段というものは、なるべくさらさらと登るものだ、と言われただけとでは、同じくそれを実行するにも、その力の入れ方に、大きなひらきが出てくるわけです。

さらにまた、道理を知った上での実行というものは、その実行によって会得した趣を、他の人々に分け伝えることもできるわけです。

ところが道理知らずの実行は、その収穫はただ自分一身の上にとどまるのです。

かように道理を知るということは、非常に大事なことであります。

またその方法の一つとしての読書も、なかなか重大な意味を持つわけですが、しかしそれは実行を予想して初めて意味のあることです。

すなわち実行という土台の上に立って、初めて読書もその効果を生ずるわけです。

ですからやはり実行が本であって、学問というものは、ただ実行という土の上に立って、初めてその意義を持つわけで、これ孔子が「行って余力あらば以て文を学ぶ」と言われたゆえんでしょう。

学問に対する態度として、私には、古今を通じてこれほど痛切な教えはないと思います。

そこで諸君らも学年末が迫っていろいろと忙しいようですが、しかしそのために仕事の予定を狂わして、先生方への提出物の期限などの遅れがないよう、くれぐれも注意されるように――。

実際今日という一日を、真に充実して生きるところに、やがてまた一生そのものを充実して生きる秘訣があるからです。

一生などというと、諸君らはいかにも長いように思われるでしょうが、実際には人間の一生と言っても、結局は一日一日の移りゆきの外ないわけです。

第15講　人生二度なし

先生、今日はモーニングを着用して来られた。一礼の後「人生二度なし」という題と共に、次の歌を無言のまま板書せられた。

高山の頂にして親と子の心相寄るはあはれなるかな　島木赤彦

そしておもむろに出席を取られ、ついで口を開かれた。

諸君この歌のうちで一番いいところはどこだと思いますか。誰か分かりませんか。

生徒の一人が立って「心相寄るは――というところが好きです」と答える。先生うなずかれてそうですネ。ここが一番よいところです。これは赤彦でなければ言えないところです。

ついでですが、赤彦については、図書室にある金原省吾という人の『表現の問題』という本があります。この人は歌人ではありませんが、おそらく赤彦の生命を真に伝えた第一のお弟子の一人でしょう。

この書物の付録には、赤彦の人となりについて書いてあります。さほど詳しいとは言えませんが、大体のことは分かるでしょう。

赤彦は学歴としては、諸君らのように、長野師範学校を出ただけです。それでいて、ついに万葉以後の歌人となったのです。

それ故諸君が志を立てるには、明治以後の人のうちでは、最もよい目標の一人と言えましょう。

とかく人間というものは、地位とか学歴とかに引っ掛かっている間は、真に徹底した生き方はできないものです。学歴というようなけち臭いものに引っ掛かっている間は、その人の生命は十分には伸び切らないからです。

もちろん一方では、人間は自分の地位、さらには学歴というようなものについての謙虚さがなくてはなりません。

しかしながら、その内面精神においては、一切の世俗的な制約を越えて、高邁《こうまい》な識見を内に蔵していなくてはならぬのです。

すなわち外なる世間的な約束と、内なる精神とを混同してはならぬのです。

そもそも人間というものは、その外面を突き破って、内に無限の世界を開いていってこそ、真に優れた人と言えましょう。

同時にまたそこにこそ、生命の真の無窮《むきゅう》性はあるのです。諸君らがそれぞれ自分の心を鍛錬して、そういう境に至ることが、私には修身科の真の眼目だと思われるのです。

そしてそのための、最も優れたお手本の一つとして私は、ここに、十五年前までは、この日本の国土の一隅に呼吸していた赤彦という人間を、諸君らにご紹介するわけです。

赤彦は長野師範を出て、訓導もし、校長もし、視学（今で言えば指導主事）もやった人です。ですから諸君らには、最も縁の深い巨人と言ってよいでしょう。私は歌を詠むということも、修養上一つの有力なてだてだと思います。

さて、われわれのこの人生は、二度と再び繰り返し得ないものであると言っても、諸君らはあまりたいして驚かないかも知れません。またそれは一面からは、もっともなことでもあるわけです。

現にかく申す私なども、諸君らくらいの年頃には、この人生の最大事実に対しても、一向に無関心でいたからです。

しかしながら、たとえ諸君らといえども、自分たちの周囲を見回してみたら、この点に関する幾多の実例を見られるはずです。

否、幾多の実例どころか、一体どこに、その例外と言い得るものがあるでしょうか。

　そもそもこの世の中のことというものは、大抵のことは多少の例外があるものですが、この「人生二度なし」という真理のみは、古来只《ただ》一つの例外すらないのです。

　しかしながら、この明白な事実に対して、諸君たちは、果たしてどの程度に感じているでしょうか。

　すなわち自分のこの命が、今後五十年くらいたてば、永久に消え去って、再び取り返し得ないという事実に対して、諸君たちは、果たしてどれほどの認識と覚悟とを持っていると言えますか。

　諸君たちが、この「人生二度なし」という言葉に対して、深く驚かないのは、要するに、無意識のうちに自分だけはその例外としているからではないでしょうか。

　もちろん諸君らといえども、意識すれば、自分をその例外であるなどと考えている人は、一人もないに相違ないのです。

だが同時に諸君は、自分もまたこの永遠の法則から免れないものだということを、どこまで深刻に自覚しているといえるでしょうか。

これ私が諸君に向かって「人生二度なし」と言っても、諸君がそれほど深い驚きを発しないゆえんだと思うのです。

要するにこのことは、諸君たちが自分の生命に対して、真に深く思いを致していない何よりの証拠だと言えましょう。

すなわち諸君らが二度とない一生をこの人の世にうけながら、それに対して、深い愛惜尊重の念を持たない点に起因すると思うわけです。

ところが諸君らは、平生何か自分の好きな物、たとえば菓子とか果物などを貰《もら》ったら、それのなくなるのが、いかにも惜しいと思うでしょう。

そして少し食べては、「もうこれだけしかない」とか「もうこれだけになってしまった」などと、惜しみ惜しみ食べることでしょう。

私達は、菓子や果物のように、食べてしまえば、ただそれだけの物に対してさえ、なおかつそれほどの惜しみをかけているのです。

否、うっかりすると、そのために兄弟喧嘩すら起こしかねまじいほどです。

しかるに今この世において、最も惜しまねばならぬ自分の生命に対しては、それほど惜しまないと言ってよいのです。

おそらく諸君たちの若さでは、今後自分は一体何年くらい生きられるものかなどということは、一度も考えてみたことさえないでしょう。

もちろんそれは、普通の常識的な立場から申せば当然のことであって、諸君らのような若さにある人が、そうしたことを考えないのは、一応いかにも自然であり、また当然のことだと思います。

しかしながら、今自分の生命の意味を考えて、この二度とない人生を、真に意義深く送ろうとするならば、諸君らの生活も、おのずとその趣を異にしてくることでしょう。

すべて物事を粗末にせず、その価値を残りなく生かすためには、最初からそのものの全体の相を、見通してかからねばならぬと思うのです。

したがって今この二度とない人生を、できるだけ有意義に送ろうとすれば、われわれとしては何よりもまずこの人生が二度と繰り返し得ないものであり、しかも自分はすでに人生のほぼ三分の一とも言うべき二十年近い歳月を、ほとんど無自覚のうちに過ごしてきたということが、深刻に後悔せられなくてはなるまいと思うのです。

同時に今後自分の生きていく生涯が、一体いかなるものでなければならぬかということについても、おおよその見通しがつかねばなるまいと思うのです。

もちろん、こうは言っても、未だ踏まない自分の前途については、直後には知るよしもないわけですが、しかしまたわれわれは、自分たちに先立つ先人の足跡によって、自分の前途についても、おおよその見通しをつけるということは、必ずしも不可能ではないでしょう。

われわれは、わずか一日の遠足についてさえ、いろいろとプランを立て、種々の調査をするわけです。しかるにこの二度とない人生について、人々は果たしてどれほどの調査と研究とをしていると言えるでしょうか。

否、それどころか、この「人生二度なし」という、ただこれだけのことさえ、常に念頭深く置いている人は、割合に少ないかと思うのです。

これ古来多くの人が、たえず生きかわり死にかわりするけれど、しかも深く人生の意義と価値とを実現する人の、意外に少ないゆえんかと思うのです。

そもそも人生の意義いかんということについては、いろいろの考え方がありましょうが、われわれ日本人としては、自分が天よりうけた力を、この肉体的生命の許される限り、十分に実現して人々のために尽くし、さらにこの肉体の朽《く》ち果てた後にも、なおその精神がこの国土に残って、後にくる人々の心に、同様な自覚の火を点ずることにあるかと思うのです。

かくしてわれわれが、人間としてこの世に生まれてきた意味は、この肉体が朽ち果てると同時に消え去るのでは、まだ十分とは言えないと思うのです。というのも、この肉体の朽ちると共に、同時にその人の存在の意味も消え去るというのでは、実は肉体の生きている間も、その精神は十分には生きていなかったという、何よりの証拠と言ってよいでしょう。

尊徳翁はその「夜話」の中で、この点について面白いことを言っています。それは「生きているうちに神でない人が、死んだからといって、神に祀《まつ》られる道理はない。それはちょうど、生きているうちに鰹《かつお》でなかったものが、死んだからといって、急に鰹節にならぬと同じだ」という意味のことを言っていますが、さすがに大哲人の言葉だけあると思いますね。

ですから、生前真にその精神の生きていた人は、たとえその肉体は亡《ほろ》びても、ちょうど鐘の余韻が嫋々《じょうじょう》として残るように、その精神は必ずや死後にも残ることでしょう。

こう考えてきますと、諸君らは生まれて二十年、今こそここに志を立てるべき時です。

だが諸君！　諸君らは、誓って死後にも生きるような人間になろう、という大志を立てたことが果たしてあると言えますか。

しかしこのような志が真に確立しない限り、諸君らは真に深く自分の生命を愛惜するとは言えないでしょう。何となれば、真の精神は不滅であり、いかに凡人といえども、その生涯を深い真実に生きたなら、必ずやその死後、何らかの意味でその余韻を残しているからです。

こういうわけですから、諸君らとしても今のうちに、この「人生二度なし」という真理を痛感して、いささかでもよいから、その精神が死後にも生きるような人間になっていただきたいと思うのです。

でなければ、せっかくこの世へ人間として生まれてきた意義はないと言えましょう。

同時にこの際大切なことは、人間がその死後にも生きる精神とは、結局はその人の生前における真実心そのものだということです。

すなわち、その人の生前における真実の深さに比例して、その人の精神は死後にも残るわけです。

かくして人生の真のスタートは、何よりもまずこの「人生二度なし」という真理を、その人がいかに深く痛感するかということから、始まると言ってよいでしょう。

と言われて、先生は黒板を正しく縦に消されて、一礼して静かに退室された。

編集後記

『修身教授録』は、国民教育の師父と称された森信三先生が、昭和十二年四月から十四年三月に行った「修身」の講義内容を収録したものです。

大阪天王寺師範（現・大阪教育大学）専攻科で倫理・哲学を教えていた先生は、本科一部生の「修身」も受け持つこととなりました。そこで先生は、真に役立つ授業をと考えられ、検定教科書は一切使わず、自分で選んだテーマを口述、生徒に筆録させせられました。当時としては異例中の異例であり、退職を覚悟して貫かれたまさに魂の講義でした。

こうして古典的名著となる貴重な記録が残ることとなりました。そして当時、国語教育の第一人者と呼ばれた芦田恵之助先生の目に留まったことを機縁に、昭和十五年、同志同行社より『修身教授録』全五巻が発刊されることとなったのです。同書はたちまち大きな反響を呼び、当時のベストセラーともなりました。

その中から二年分の講義を改めて編集したのが、平成元年（一九八九年）に弊社より刊行された『修身教授録』です。本書を読み返すたび、当時四十歳前後だった森先生が、僅か一時間の授業でよくこれだけ濃密な内容を盛り込んだ講義ができたものだという深い感慨に打たれます。

弊社の『修身教授録』は、私どもの予想を遙かに超える反響を見せ、教育界のみならず、ビジネスパーソンや学生、主婦の方々にも広まり、弊社を代表するロングセラーとなっています。

ただ、本書は五百三十頁を超える大冊で、通読するには容易ならぬものがあることも確かです。森先生が当時十代だった生徒たちに向け説かれた人生の真理を、現代に生きる若い世代の方々にもぜひお届けしたい――そんな思いから、平成二十三年に全七十九講より精髄となる十講を抄出《しょうしゅつ》し、『運命を創る「修身教授録」抄・10講』を刊行いたしました。

このたび、その『運命を創る』にさらに五講を加え、装いを新たに本書を出版する運びとなりました。

『修身教授録入門』という書名の通り、本書をきっかけとして人間学の学びに触れる若い世代の多からんことを願ってやみません。本書の出版に込めるのはそのことです。

令和五年四月

致知出版社編集部

読みやすくなるよう適宜、改行を加えた箇所やふりがなを付した箇所等があります。なお、編集に当たっては、文字表記は原則として新字体・新仮名遣いとし、現代の時代感覚に合わない個所についての改訂は、本講義に流れる先生の息遣いを損なわない範囲にとどめました。

森　信三

明治29年愛知県生まれ。大正12年京都大学哲学科に入学し、主任教授・西田幾多郎の教えを受ける。卒業後、同大学大学院に籍を置きつつ、天王寺師範学校の専攻科講師となる。昭和14年、旧満州の建国大学に赴任。敗戦により新京脱出。21年6月無事生還。28年、神戸大学教育学部教授に就任。35年、神戸大学退官。40年、神戸海星女子学院大学教授に就任。50年、「実践人の家」建設。平成4年逝去。「国民教育の師父」と謳われ、現在も多くの人々に感化を与え続けている。著書は、『修身教授録』『続・修身教授録』『女性のための「修身教授録」』『修身教授録一日一言』『幻の講話』『真理は現実のただ中にあり』『人生二度なし』『森信三　教師のための一日一語』『家庭教育の心得21』『森信三一日一語』『人生論としての読書論』『10代のための人間学』『父親のための人間学』『森信三訓言集』『理想の小学教師像』『若き友への人生論』『森信三　運命をひらく365の金言』（いずれも致知出版社）など多数。

修身教授録入門

令和五年五月二十五日第一刷発行

著者　森　信三
発行者　藤尾　秀昭
発行所　致知出版社
〒150-0001 東京都渋谷区神宮前四の二十四の九
TEL（〇三）三七九六—二一一一
印刷・製本　中央精版印刷

ISBN978-4-8009-1282-4 C0095
ホームページ　https://www.chichi.co.jp
Eメール　books@chichi.co.jp

ブックデザイン——秦　浩司